発達保障の道

歴史をつなぐ、社会をつくる

河合　隆平

全障研出版部

はじめに

障害のある人びとの発達保障の考え方と実践がかたちをなすのは１９６０年代のことであり、直接的には近江学園やびわこ学園のとりくみを水源として広がっていきました。発達保障の広がりと深まりを確かめるために、この本では歴史に学ぶというスタイルをとりました。発達保障の歴史を学ぶということは、発達へのねがいに潜む矛盾や苦悩に目を凝らしながら、人びとがつくり出してきた「ねがいの結びめ」を発見していくことではないかと思うのです。ここでは、一人ひとりのねがいや苦悩が打ち消されることなく、社会のなかで共有されていくことで、人と人がつながり合っていくありようを「ねがいの結びめ」と表現してみました。

この本では、わたしたちの社会のなかで「ねがいの結び目」がつながれていく歴史の過程を「発達保障の道」として理解してみたいと思います。その際、できるだけ固有名詞のある人びとのねがいや経験に即して社会を眺め、歴史をたどることにこだわりました。名前の知れた人ばかりをとりあげるのではありません。日々の生活を背負いながら、発達へのねがいをもち続けた無数の人びとの声に耳をすまし、その生き方に学びたいとの思いからです。

とはいえ、これからみていく歴史が、発達保障の歴史の全体ではありません。また、「発達保障」という言葉が生まれてからの約50年間だけを眺めるのではなく、「発達保障の道」を探るための時間の軸を幅広くとりました。そして、発達保障の歴史を語るうえであまりとりあげられてこなかった「ひと・こと・もの」に眼を向けました。その歴史を生きた人びとの「ねがいの結び目」をたどることで「発達保障の道」の幅と奥ゆきを広げることができないか、そのことを通して、わたしたちがより多くの人たちと広く手を結びながら発達保障の道を歩んでいくために必要なことを考えたいと思ったからです。

日本民衆思想史を切り拓いた安丸良夫《やすまるよしお》はいいます。「歴史研究は、所詮は後世の人間から見た後知恵であり、しかもつぎつぎとつくりなおされる後知恵ではあるが、しかし、それはのちに得られた知見をふまえて物事を考えなおすということを意味しており、そこには平凡な私たちをすこしずつ賢くしていく効用がある」(『現代日本思想論—歴史意識とイデオロギー』岩波現代文庫、2012年)。

歴史を学ぶことが、目に見えて何かの役に立つことはありません。歴史が与えてくれるのは、時間という変化のなかでものごとの意味を理解し、問題をとらえるために、立ち止まってじっくり考える経験なのです。目に見える変化やわかりやすい成果が求められる今こそ、歴史という回り道を歩きながら、発達保障が大切にしてきた「ねがい」を確かめ、みんなで「歴史をつなぐ、社会をつくる」ために必要なことを語り合うことに自覚的でありたい。「変わること」「変わらないこと」だけをとり出すのではなく、その意味や価値をも問う歴史の知は、みんなで語り合い、自分たちで学び合うという営みをくぐることで、わたしたちの発達を見る眼に深まりをもたらし、発達保障のとりくみを豊かにしてくれるはずです。

それでは、歴史と対話しながら、今を生きるわたしたちの生活や実践にも貫かれている発達保障の道を探っていきましょう。その道ゆきで、どのような「ねがいの結び目」に出会うでしょうか。発達保障の歴史へと通じる道は、いろいろなところにひらかれています。この小さな本が、発達保障の道を探るひとつの手がかりとなれば幸いです。

この本では、歴史の文脈において登場する個人の敬称は省略してあります。また、今日において使用すべきではないと判断される用語もありますが、問題の歴史的・社会的な背景を考えるために、そのまま引用・記述しています。

目次

はじめに　3
1　「みんなのねがい」の歴史学へ　8
2　手のつなぎ方にも教育がある　18
3　生活と文化をつくり出すしごと　27
4　ねがいを寄せ集める器　37
5　根っこを照らし新たな地平を拓く光　47
6　実践に人あり、人に歴史あり　57

7　いのちをつなぐ営み　67
8　自分たちでいのちを守る　77
9　生きることを肯定する社会へ　87
10　戦争経験と平和への問い　97
11　人間の痛苦と基本的人権の思想　107
12　発達保障の道をみんなで歩く　117
おわりに　127

1

「みんなのねがい」の歴史学へ

「学校へいきたい。ともだちがほしい。」と子どもたちは叫んでいます。父母も、教師も、保母も、医師も、障害者を差別し、権利を奪うものの本質をつかみ、それとの闘いに立上っています。それらの一つ一つを大切にして、「みんなのねがい」に結集しましょう。「みんなのねがい」を育てていきましょう。

1970年2月、全障研の機関誌『みんなのねがい』が創刊されます。これは、創刊号の最後のページに添えられた「発刊のことば」です。発達保障の根っこには「どんなに障害が重くても発達する」「障害の有無にかかわりなく発達の道すじは共通である」という発達のとらえ方があります。教師や親たちはこうした発達の理解を手にしたことで、「発達しない」「教育不可能」とみなされて教育の権利を不当に奪われてきた障害のある子どもたちが「発達する」という事実をつくり出し、「権利としての障害児教育」

という考え方を生み出していきました。「権利としての障害児教育」は「学校へいきたい。ともだちがほしい」というねがいに確かな根拠を与えながら、一人ひとりのねがいを「みんなのねがい」へと練りあげていくのです。そうした40年以上も前の話から始めていきましょう。

■入学式は涙の別れ

一人の母親の声を聴いてください[1]。

やがて入学式の当日となりました。主人とともに、いいようのない不安の中に、学校からいわれた品々を積みこみ、まだ一度も走ったこともない丹後路を北へ北へと走り続けました。

長い道中、好きなおやつも食べず、子どもは何を話しかけても話し返してはくれませんでした。学校へ着いても、自分の席にすわろうともせず、ただおびえるように私に寄りそい、必死に着物を握りしめているのです。あまりの遠さに子ども心にも不安を覚えていたのでございましょう。「お母ちゃん、帰ったらいやや」とだだをこね、なだめたり言いふくめても、なおも泣き叫び、気でも狂ったように追いすがる、その手をやっとの思いで振り切り、寄宿舎の先生にお願いをして、あふれ落ちる涙をぬぐいもせず帰途につきました。どうかお母ちゃんを許してと、幾度も幾度もわびながら……。

娘には脳性マヒがあり、家から遠く離れた養護学校の中学部に入学し、寄宿舎での生活を始めることになっていました。その学校とは、養護学校義務制完全実施（1979年）に先がけ、教育から排除されてきた障害の重い子どもたちの受け入れを宣言した京都府立与謝の海養護学校（1970年本格開校）です。そのとりくみは「権利としての障害児教育」にもとづく学校・地域づくりのモデルとして注目されました。

当時、京都北部には与謝の海養護学校が、南部には向日が丘養護学校（1967年開校）がありましたが、この親子が住む口丹《くちたん》地域はその中間にあっていずれの学校からも遠い「谷間」の地域だったのです。

誰もが待ちわびた入学式です。学校には「入学おめでとう」の笑顔があふれていたことでしょう。しかし、家の近くに養護学校がない子どもたちにとって、入学式は涙の別れだったのです。親たちは、やっとの思いで養護学校にたどり着いたけれども、「はたしてこれがすべての国民に与えられた義務教育といえるのだろうか。なぜ、障害があるからといって幼い子どもとこんなにも離れて暮らさなければならないのか」と苦悶せずにはおれませんでした。

入学後も悩みは続きます。近所には「あんな子どもを預けるなんてひどい親だ、鬼のような人だ」と陰口を叩く人もいました。休日のたびに子どもを迎えにいくにも、学校が遠すぎてたくさんの労力とお金がかかります。わが子の送迎のために、厳しい家計をやりくりして自家用車を購入した家庭もありました。学校行事に毎回出席することもできず、「楽しい子どもの力いっぱい発表する姿さえ見てやることができない」という苦悩も聞かれました。

■みんな行ける学校にしてほしい

1974年3月、京都府の口丹地域で「口丹養護学校設置促進研究集会」が開かれ、親たちは「わたしたちの地域に養護学校がほしい」と次々に訴えました。[2]
東京へ行くのでさえ三時間余りで行けます時代に、学校から少し調子が悪いと聞いても片道三時間、四時間もかかるのでは、ちょっと見に行こうと思っても、二の足をふみます。鬼になったつもりで「先生よろしくたのみます」とお願いするときの気持ち、平気のように聞こえても、心の中の思いは本当につらいです。…仕方ない子どものためという言葉であきらめてはいるものの、親の気持ちは仕事をしていても上の空ということもたびたびでした。あまりにも学校が遠すぎます。…〔与謝の海養護学校が：河合〕すばらしいだけに、よけいにこんな学校が近くにでき、どうしても誰もかも、みんな行ける学校にしてほしいのです。

社会には「豊かさ」が広がっているにもかかわらず、障害のある子どもには必要な教育や当たり前の生活すら保障されない。子どもを養護学校に行かせるために、家族の仕事や生活を犠牲にしなければならない。わが子はどうにか養護学校に入学できたけれども、学校にも施設にも行けず、家のなかでひっそり暮らす子どもたちがまだだいる。

口丹地域の親たちは、「学校に子どもを合わせるのではなく、子どもに合った学校をつくろう」という与謝の海養護学校のとりくみを鏡とすることで、一人ひとりの悩みや悲しみを社会の矛盾としてとらえ返し、「私たちがやらなければ、苦しいことは苦しいと訴えることができないのではないか。手をとりあって進もう」と、みずからを要求と権利の主体としてたちあげていったのです。

■尊い血潮の流れる一人の人間として

養護学校づくりの運動にとりくむ親たちは「たとえ障害はどのようであれ、声は出さなくとも夢があります。…何とぞ、尊い血潮の流れる人間の一人としておぼえていただき」、「ボクもワタシもアホやない。人間なんや」という子どもたちの声を受けとめてほしいと訴えました。「みんな行ける学校」がほしいというねがいは、口丹地域の人びとにも共感をもって受けとめられ、京都府立丹波養護学校（１９７９年開校）として実を結びました。

このように１９６０年代後半から障害のある子どもの不就学をなくし、権利としての教育を保障しようとする運動が各地でとりくまれていきます。「就学猶予・免除」となり、在宅のまま生きる力を奪われ、いのちを落としていく子どもたちの姿は、障害のある子どもたちの尊厳をふみにじる不平等な社会の価値や仕組みを物語っています。

教育へのねがいを語るなかで「人間」という言葉が繰り返し用いられたように、「子どもに合った学校がほしい」というねがいは、障害のある子どもたちを「人間の一人」として認め合い、社会の主人公として大切に育ててほしいという人間平等への希求でもありました。

憐れみや保護の手をさしのべるのではなく、人間の尊厳と人格発達への権利にねざした「この子らを世の光に」という発達保障の思想も、そうした平等への希求と苦悩のなかで受けとめられていったのです。当時の人びとがさまざまなねがいを込めて手渡し合った「発達を保障する」という言葉は、今日のわたしたちが想像する以上に輝き、重く響いていたのではないかと想像します。そうであるがゆえに、発達へのねがいは、矛盾や制約を抱えながらも「みんなのねがい」へと深められることで、人と人を結びつける力をもつことになったと思うのです。

■苦悩と矛盾に目を凝らしながら

先ほど、子どもに合った教育を求めることが、家族の生活基盤の不安定さをもたらしてしまう現実をみました。養護学校に入学するというねがいの実現が、新たな矛盾や苦悩を生んだのです。しかし、そのことが「子どもに合った学校」を「みんなが行ける学校」にしていこうという要求にいのちを与え、運動のダイナミズムが生まれていったことに大切な意味があると思うのです。障害のある子どもが学校に行くことが当たり前になっていく歴史の過程をとらえるうえで、ねがいと現実とのズレ、そこに生まれる新たな矛盾や苦悩に目を凝らしながら、ねがいの深まりをつかむ視点を大切にしたいと思います。

歴史とは「現在と過去との尽きぬことを知らぬ対話(3)」といわれます。それは、すでに決められてしまった出来事として過去を語ることを意味するのではありません。「今を生きながら過去を問う(4)」という制約を自覚しながら、つまり今日のわたしたちの感覚や価値観を問い返しながら過去を認識していくこと、そのくり返しが歴史を学ぶということなのです。

こうした歴史の見方は、私たちが「当たり前」とみている現実のなかにある矛盾や苦悩に目を向けていく感度を高めていくことを手助けしてくれるでしょう。だからこそ、障害のある子どもたちの「学校に行きたい」というねがいを現実のものとしてきた歴史をくり返し学び合い、世代を超えて語り合うことを大切にしたいと思うのです。

■「みんなのねがい」を語り合う

障害のある子どもたちも学校に行くことが「当たり前」という現実は、「学校に行きたい」というねがいが「みんなのねがい」へと練りあげられていく過程でつくり出されていきました。時々、「若い世代の人たちは、制度があって当たり前と思っている。自分たちでつくろうという意識が弱いのではないか」というベテラン世代の憂いを聞くことがあります。自分たちがつみあげてきた実践や運動のバトンを、次世代にしっかりと手渡したいという思いを感じます。とはいえ、「制度があって当たり前」という今日の感覚も、歴史の到達点として受けとめることが大切ではないでしょうか。

　何もないところから制度をつくってきた世代、すでに制度ができあがっている世代、それぞれが生きてきた歴史の重みは比べようもなく、ひとしい価値をもっています。世代による感じ方や見え方の違いを大事にしながら、お互いが育んできたねがいを語り合うことで、歴史がつむぎ出す時間の層は厚みを増してきます。厚く積みかさねられていく歴史のなかでこそ、わたしたちは一人ひとりのねがいを、世代を超えて分かち合うべき「みんなのねがい」へと練りあげていけるのではないでしょうか。こうして「みんなのねがい」を育て合い、語り合う経験が、歴史をつなぐとともに、今ある実践や制度をよりよいものにつくり変えていこうとする、かけがえのない原動力になるのだと思うのです。

　日本近現代思想史研究者の鹿《か》野《の》政直《まさなお》は、「個性的なものは必ず普遍性に通じる要素をもち、普遍性は個性をやどり木として顕現する」[5]と言います。この本でも、鹿野の言葉に学びながら、一人ひとりのねがいや悲しみのなかに、みんなのねがいや悲しみを読みとる、あるいは、みんなのねがいや悲しみのなかに、一人ひとりのねがいや悲しみを位置づける。この往復によって、発達保障の考え方やとりくみが、その時々の時代や社会のなかでどのような広がりと深まりをもったのかを確かめてみたいと思います。ずいぶん大げさな表現かもしれませんが、「「みんなのねがい」の歴史学」をつくるために必要なものを一緒に探っていきましょう。

注

（1）口丹養護学校設置促進協議会『みんなの力で口丹に養護学校を―学校づくり地域づくりの運動とその経過（中間まとめ）』１９７６年。
（2）同前。
（3）Ｅ・Ｈ・カー『歴史とは何か』岩波新書、１９６２年。
（4）大門正克「「生存」の歴史学の構想―歴史学再考のために」『年報近現代史研究』第８号、２０１６年。
（5）鹿野政直『歴史のなかの個性たち―日本の近代を裂く』有斐閣、１９８９年。

2

手のつなぎ方にも教育がある

教師と子どもが手をつなぎ合う。学校では、あたりまえに見られる風景です。実はこの「手をつなぐ」ことにまつわる教育の経験こそ、「子どもに合った教育」の内実をとらえ返すうえで大切な働きをしてきたのです。ある教師が生み出した「手をつなぐ」という経験を通して、障害のある子どもの教育を成り立たせるために、教師や親たちが自分たちの教育観や発達観をどのように鍛えあげていったのかを確かめてみたいと思います。

■右手に就学猶予願い　左手にわが子の手を引いて

京都府北部地域では1950年代に入ると、のちに与謝の海養護学校の副校長・校長として学校づくりの中心を担っていく青木嗣夫《あおきつぐお》を中心に特殊学級がつくられていきます。1955年、青木は宮津小学校の特殊学級の担任になります。「青木学級」といわれたクラスには、オムツをした子ども、ことばをもたない子ども、校区外や年齢超過の子どもなど、障害の重い子どもたちが多く在籍していました。

ある年のことです。青木は、わが子の「就学猶予願い」を出したという山本民子《やまもとたみこ》に電話をかけて、とにかく一度学校に来るように伝えます。右手に猶予願いを持ち、左手に息子の一雅《かずまさ》の手を引いて青木のもとを訪れた民子は、遠慮がちにこう話しました(1)。

先生、ごらんの通りの子どもです。ことばは、アーアー、キャッキャッ、こんなことしか言えないのです。おしっこを知らせることもできず、おムツをしたままなんです。毎日紙をやぶき、タオルをしゃぶって生活しているのです。学校へ来させていただくなんてとてもやないですが考えられないのです。

青木は「子どもさんが教育を受ける権利をもっているのですよ。おかあさんがもっていらっしゃる権利じゃないのですよ。子どもの権利を守る立場に立って学校に来させてくださいませんか」と熱心に語りかけました。

重い知的障害がある一雅は、東京の有名な教育機関で「知能測定不能、学校教育の対象外」と判定され、両親も就学猶予願いを出すのは仕方がないと考えていたのです。青

木の粘り強い説得にもかかわらず、迷惑をかけるだけだからと言って、結局その年の就学は見送られました。(2)

先生にそうおっしゃっていただくのはありがたいのですが、でもこれまでどこの施設でもだめだと言われたこの子なんです。まして学校なんて……。とにかくこのまま入学させたらお友だちや先生にご迷惑をおかけするばかりですし、もう一年、何とか少しでもしつけをしてその上で考えたいと思います。

当時、知的障害のある子どもが「自ら成しうる道は、他人と社会の厄介になるのではなく、自分のことは自分で始末し、社会的にも自立ができるということである」から、「精薄教育」では「社会のお荷物にならない」という教育目標も控え目ながら成り立つのだと考えられていました。(3) こうした「特殊教育」観のもとで、民子のように教育へのねがいを押しとどめ、就学猶予願いを書かされた親がたくさんいたのです。

民子は、せめてオムツだけでも取れるようにと努力しますが、結局うまくいかないまま再び就学の時期が迫ってきます。青木は、民子に一度自分の学級を見学するよう誘いました。青木学級を見学した民子は、一雅よりも子どもたちの障害の程度は軽いように見えたけれども、ここに入学させたいという気持ちをそそられ、ようやく就学にふみきったのです。1966年4月、一雅は一年間の就学猶予を経て青木学級に入学しました。登下校の送迎は母親に任されましたが、「教科書のかわりに、カミカミ用のタオルを数枚もって」の学校生活が始まりました(4)。

■手を握る　手をつなぐ

入学当初、一雅はところかまわず寝転んで紙やタオル、手を口に入れてしゃぶっているばかりでした。一雅のその姿を「限られた空間の中での生活によって、彼が彼なりに獲得した遊びであり、労働であった」ととらえた青木は、「学校に来る」ことによって生活のリズムを整えながら、朝にはみんなで手をつないで体育館を走り回り、体操をする「「ゴロン」を許さぬ取り組み」を進めていきます。

しかし、一雅は手をつながないとみんなと一緒に歩かないし、手を離すとどこに行くかわからないので、つい手首を握ってしまう。家庭でも街で走る自動車めがけて走り出したり、座り込んで動かなくなるので、一雅の手首を握って歩かせていました。そこで青木は苦肉の策として、次のような「手つなぎ」にとりくんでいきます(5)。

カズマサ君に私の人指しゆびをにぎらせる。他の指で（親ゆび・中ゆびなど）そのにぎったカズマサ君の手をおおうように置く。カズマサ君が手を離そうとすると握力が弱まるのでわかる。そこで他の指でおさえて「だめですよ」とカズマサ君の手を押える。ただ、それだけのことである。

青木は、指を握る力の変化のなかに一雅の心の動きを感じとりながら、一雅自身が人と手（指）をつなぐ感覚を学んで、手を握られるだけではなく、自分から手を握る主体へと発達していくことを期待したのです。一雅の手が離れようとした時に「だめですよ」とそっと指で押さえることが「教育における指導であり、発達への激励である」というのです。やがて一雅が指を握る時間は日を追って長くなり、指から手へ、教師から友だちへ、体育館から校庭へ、入学半年後の秋の遠足では一日中友だちと手をつないで歩くまでになりました。

民子は、自分から人に手を差し出して手をつなぐようになった一雅の発達に目を開かされながら、どんなに障害の重い子どもにも教育の可能性と権利があることを確信していきました。一雅が示した発達の証は、民子のなかに「泣きながらでもよい、きちんとものの言える母親に育ちたい」という権利意識を芽吹かせ、入学申請書運動や養護学校

づくり運動に主体的に参加していく回路を拓いていくのです。(6)

■手のつなぎ方にも教育がある

一雅との「手つなぎ」をめぐる経験は、教師が子どもとの教育的関係を成立させることで、不当に奪われてきた人間の尊厳と権利を、障害のある子どもの発達のなかに埋め返すものでした。それは、今できていることを豊かに太らせることで人間関係や世界が広がり、人格がふくらんでいく「ヨコへの発達」という発達観を発見していく過程でもありました。

そこからつむぎ出された「手のつなぎ方にも教育がある」という言葉は、障害の重い子どもの人間の尊厳を守り、子どもの内側に発達の主人公としての力を育む教育思想として深められながら、「重度の子どもは学校の宝」とする与謝の海養護学校のとりくみへと引き継がれていきます。一雅が教えてくれた「手のつなぎ方」が、障害のある子どもを「社会のお荷物」だと切り捨てる「特殊教育」観をひっくり返し、どんなに障害の重い子どもも学べる「子どもに合った学校」の土台を築いたのです。

1970年4月、与謝の海養護学校の本格開校とともに、一雅は小学部5年生として養護学校に入学し、その後は中学部、高等部と、仲間とともに学校生活を送りました。

■残り続ける教育の経験

1978年に高等部を卒業した一雅さんは、「家で面倒見きれんというのではなく、カズマサが卒業後も発達していくには、なんとしても集団がほしい」という民子さんのねがいもあって入所施設で暮らすことになりました。[7]

それから30年後のことです。一雅さんが施設の仲間と散歩に出かけた時の写真があります。写真には、一雅さんの左手が、隣にいる仲間の右手を上からつかむのではなく、「一緒に行きましょう、こっちだよ」と穏やかに語りかけるように、掌の側からつなごうとしている姿が写されています。養護学校時代から一雅さんを知る元教師は、この写真に写し出された一雅さんの心づかいに「やさしさの質的発展」を見出してこう言います。[8]

右手を上からつかんで動こうとするのではなくて、下からつないで行こうとする仕草の中に、今まで一雅さんが経験してきた手つなぎの経験がいきているように感じます。それは、一雅さんがこれまでに身につけてきた人とのかかわりの中でのやさしさを表す仕草や友情の気持ちの自然なあらわれと思います。

学校卒業後も一雅さんのなかに残り続けた「手つなぎ」の教育経験は、ゆっくりと時間をかけて一雅さんなりの「人とのかかわり」と「やさしさ」をつむぎ出していったのです。人として大切にされたという学校時代の経験と感覚が、一雅さんの人への信頼と安心感を育み、人格のふくらみをもたらしたといえないでしょうか。

今日、与謝の海支援学校において朝の登校風景を見学させていただくと、手をとり合ってスクールバスから降りて来る子どもたちの姿に出会います。小学部の子どもの小さな手を引く高等部の青年。足取りのおぼつかない友だちの手をとってゆっくりとステップを降りる子ども。「手のつなぎ方にも教育がある」という言葉は、教師が子どもの日常生活のなかに埋め込まれている教育の回路と人格発達の芽を掘りあてながら、人を大切にする・人から大切にされるという感覚と経験、人とかかわることの安心感を子どもの内側にたくわえ、子ども自らが人間関係をつくり出す主人公として発達していくことの大切さを教えてくれます。一人ひとりの教育経験に目を向けながら、そこに刻まれた時代性とそこを生きた人びとの個性の両方に接近していく糸口を探りたいと思うのです。

注

(1) 青木嗣夫・松本宏・藤井進『育ち合う子どもたち──京都・与謝の海の理論と実践』ミネルヴァ

書房、1973年。
(2) 同前。
(3) 林部一二「特殊学級における職業教育」『学校運営研究』第49号、1966年。
(4) 「座談会　与謝・丹後の障害児教育運動30年の歩み」。
(5) 青木嗣夫「障害児と共に歩んで」中野光編著『子どもの心をとらえた教師たちの記録』学陽書房、1980年。
(6) 『季刊・教育運動研究』第6号、1977年。
(7) 本田英郎『いのちのふれあい—重度障害児の教育現場から』ぶどう社、1979年。
(8) 山本民子『兄弟の育ちゆき』私家版、2014年。

3 生活と文化をつくり出すしごと

教育実践は、社会の現実や要求を受けつつ、その人が生きるために必要な生活と文化をよりよいものへとつくり変えながら、その人のなかに人格を刻んでいく仕事といえます。「権利としての障害児教育」を打ち立てていく教師たちの仕事のなかに、教育実践に固有の働きを確かめ、その力が十分に発揮されるために必要なことを考えてみます。

■だれが「精神薄弱」と呼ぶのか？

東京都豊島区の大塚中学校特殊学級で、障害児教育研究を志す大学院生の清水寛《しみずひろし》は非常勤講師をしていました(1)。〃J組〃とよばれたその教室は、学校の裏門近くの陽の当たらない校舎の隅にありました。1967年1月、清水は、日教組の教育研究全国集会に参加してみんなと同じ特殊学級に学ぶ生徒の教育について勉強してくるから来週の授業は休みにしたい、と生徒に伝えました。すると、じっと考えていた様子の女子生徒が

「先生、その子たちもトクシュとよばれているんですか」と質問してきたのです。清水はためらいながら黒板に「精神薄弱」と書き、世間の人びと、自分たち教師でさえも、みんなと同じ子どもたちのことを「精神薄弱」と呼び、法律でもその言葉が使われていることを話しました。そして「だれが、どうして、私たちをそう呼ぶのか」と憤る生徒たちに、「精神」が「薄弱」とはどういうことかを話し合ってみようと投げかけます。

かれらの怒りは悲しみの深さに通じていました。「家で、小学校の妹の教科書を、かくれて、そっとのぞいてみたら、読めない字や、わからないところがいっぱいあった。つらくて、自分で自分の頭を血が滲むほど、叩いて、泣いたことがある」。「普通学級」からはじき出され、J組では能力の高い生徒が低い生徒を馬鹿にし、力の弱い生徒がいじめられる。みんな、そうしたつらい経験や葛藤を抱えながら「特殊学級」に学んでいました。

■私たちは精神が薄くも弱くもありません

清水は、みんなの考えを全国の教師に伝えるから「私たちは精神薄弱か」という題で作文を書いてくるよう宿題を出します。すると22人全員が一週間かけて書いてきたのですが、そのなかで言語障害と重い知的障害のあるM子はたどたどしく、しかし一字一字刻みこむように繰り返していました。「M子せいしん、うすくない。M子せいしん、よわくない。M子せいしん、うすくない。M子せいしん、よわくない」。清水は生徒たちの怒りと悲しみをくぐった「人間宣言」に打ちのめされながら、作文を手に教研集会に向かいました。

当時、日教組教研ではちょうど「特殊教育」分科会が「心身障害児教育」（第15次・1966）、「障害児教育」（第16次・1967）へと名称を変えていく時期でした。障害のある子どもたちを社会に順応させる「特殊な教育」ではなく、障害の重い子どもにもひとしく教育を保障しようと「権利としての障害児教育」を求める教師たちは「私たちは精神が薄くも弱くもありません。精神薄弱といわないでください」との中学生のねがいを真摯に受けとめました。

生徒たちは、教師たちが真剣に議論してくれたことを知って喜びました。自分たちは勉強は遅れているかもしれないが、人間としての心のはたらきは他の人と少しも変わらない。生徒たちは差別「される側」にいる自分たちを徹底的に見つめていくことで、差別「する側」の価値観を乗り越えながら、人に踏みつけにされず、人を踏みつけにもしない人間関係や学級集団をめざしていきます。J組の学級通信は『一人はみんなのために、みんなは一人のために』、生徒の新聞は『仲良新聞』と名づけられていました。

■文化を獲得しながら発達する

同じころ、1967年、群馬県佐波郡東中学校《さわぐんあずま》に転勤した校長の田村勝治《たむらかつじ》は、そこの特殊学級の状況に衝撃を受けます。(2) 教室はカーテンが閉められて薄暗く、生徒たちも他の人に見られるのが恥ずかしいというのです。そして「この子たちは人の嫌がることを進んでやることが大事」だとして、生徒たちは学校中の便所掃除を買って出たり、少しの手間賃をもらって下請けのような作業学習が行われていたのです。「全国各地で数多くの特殊学級が設けられ、それらがさまざまな、きびしい状況の中で運営されている。だから特学に入級することが子どもにとって幸せなのでなく、どんなふうに教育されるかが子どもの幸せをつくっているのである」(3)。生活綴方に学びながら障害児教育にとりくんできた田村はそう考えて、悲しみや苦しみを背負う生徒たちが誇りや自信をもって学ぶことのできる教育内容を探っていきます。

その数年前、佐波郡境町の采女《うねめ》小学校の特殊学級担任坂爪《さかづめ》セキは、ある小学校特殊学級の公開研究会に参加していました。ところが「お遊び的な授業」に不満が残り、帰り道に仲間と「もっと本気になって勉強がしたいよね」などと話したことがきっかけとなり、1963年に障害児教育研究サークル「放談会」を立ちあげます。当時、全国的に注目されつつあった群馬の障害児教育実践は、放談会に田村が参加することで勢いがつきました。

子どもは、人間がつくりあげてきた文化を獲得することで発達する。群馬の教師たちはこの原則に立って、障害のある子どもの教科指導を追求しました。子どもの考える・わかる過程を大切にし、文化を系統立てて教えることで生活の喜びをつくり出す教育実践は、知的障害ゆえに考える力が弱いからと反復訓練や経験に頼りきった生活単元学習、作業学習への鋭い批判となりました。

この子どもたちは社会に出ても役に立たないのだから、他人に迷惑をかけず、人の嫌がる仕事も進んで行い、言われたことに黙ってとりくむ。そうして「愛される障害者」になれたらよい。いや、そうではない。障害のある子どもたちも「学びたい」というねがいをもち、社会の主人公として物事を認識する力を育み、文化的に生きる権利があるのだ。そう考える障害児教育の教師たちは、民間教育サークルに積極的に参加して教育実践を鍛え合いました。

■いい加減には教えられないのだ

それでも親たちは「すこしでもかしこくなって、おとなになったら働いて生活していける人間になってほしい」と言います。その親のねがいに応えていくためにも「まず毎日の授業に力を注がなくてはならない。そして、ほんとうにわかり合える喜びの中で、遅々としていても確かな学力をつけていきたい」と考える坂爪は、子どもたちに自分の眼で生活や自然の事物を見つめさせる授業を積み重ねていきます。(4)

あたいは大きくなったら／かいしゃへいって／げっきゅうをとります／そのおかねで／うちにでんきをつけて／ラジオをいれて／テレビもいれて／ゆうせんもいれて／そしてっから／おかあさんになります

将来の夢を詩に書いてもらった時、I子は「かいしゃへいく」と綴りました。I子の家は地区でたった一軒だけ電燈がなく、テレビも有線電話もありません。高度経済成長は「テレビ」に象徴される耐久消費財の普及とともに、「かいしゃ」に就職し「げっきゅう」を得る労働をI子の住む農業地域にも広げ、その変化は障害のある子どもたちにも認識されていたのです。１９６０年代に高校進学率が上昇すると、中学校特殊学級の生徒たちは、学校卒業後に若年労働力不足を補うべく職業社会へと押し出されていきました。障害のある子どもたちが急激に変化する社会を片隅で支える「愛される障害者」となり、少しでも居場所を与えられるようにと「特殊教育」は広がったのです。

のちにI子は家に初めて電気がついた日のことを「でんき」という詩に綴りました。

あたしは、うんとはたらいて/でんきつけるんだって/あたしの心は元気をもっていた/かあちゃんは夜まではたおり/とうちゃんは日曜もしごとにいった/あたしのうちに/はじめてでんきのついた日/十月二十日/うちの中が朝みたいに明るかった/うちの中があったかくなった/きょうだい四人で勉強した

ひたむきに生活を背負いながら「元気」であれと自分を励まし、「勉強」へのねがいを強くもち続けたI子の喜びがまっすぐに表現されています。坂爪は、生活の事物や感情を心に写していく子どもたちの前で「いい加減には教えられないのだ」と自分に言い聞かせるのでした。

■明日が待ち遠しくなる生活をつくる

児童詩教育の練達の教師大野《おおの》英子《ひでこ》は、1972年、埼玉県本庄市の藤田小学校の特殊学級担任になります(5)。大野は、県の講習会で若い大学教師の語った言葉が忘れられませんでした。「この子は奇声をあげることができる。この子は廊下を走ることができる。

生きているからこそできるのです。問題行動ではなく生きている証しとして成長発達の手がかりを教えてくれているのです」。言葉の主は、あれから障害児教育の教員養成の仕事についた清水寛です。大野は「今まで変てこな子だと思っていた子が急に可愛いく見えてきた」といい、その子ども理解は彼女のその後を貫きました。

C子の母親は、自分は読み書きができないけれども、わが子には文字を教えてやってほしいと大野に話していました。文字よりも身辺の自立が大事だといわれながらも、大野は母親の悲痛なねがいに応えるように、鉛筆をもつ手もおぼつかないC子たちに文字を教え、心のつぶやきを綴らせていきました[6]。

C子の成長を誰よりも望んでいた母親が病気で亡くなったとき、教頭は「悲しいのがわからないからしあわせだべや」とつぶやきました。「おそうしき／C子が／かあちゃんのおぜんをもった。／かあちゃんはごはんたべない／ちっともたべない」。彼女は「いつまでもお膳が重かった」と泣きながら、母親を喪った悲しみを自分の言葉に刻んだのです。

その後も母親のことを綴り続けたC子は、「あしたてんきになーれ」という詩を綴りました。

あしたてんきになーれ／C子のくつが／まっすぐおちた／あしたはいいおてんきだ／ままごとできる／なわとびできる

障害のある子どもたちの文字の獲得にこだわる大野の教育実践は、明日が待ち遠しくなる生活を子どもとともにつくり出し、そうした生活ゆえに心をゆり動かし、自らのねがいや悲喜こもごもを表現せずにはおれない子どもたちを育てたのでした。

■「教室の中のしごと」にこだわる

大野が「私の一生を使いはたして、なおあまりあるこのよきもの」という児童詩のような、最良の文化を子どもに手渡していく授業。「障害をもつ子どもたちこそ、普通児以上に楽しくて、よくわかる授業が大切だ」と坂爪は説きましたが、子どもの悲しみから離れず、その奥にあるねがいに裏打ちされた授業づくりにひたすら自覚的な教師でなければ出てこない言葉でした。田村のいう「教師でなければできないしごと、教師だけがしなくてはならない仕事」は、ときに「四間五間の教室の中のしごとで運動論がない」といわれながらも、「特殊教育」とよばれる政策や社会の要求をそのままでは貫かせない子どもとの関係を築き、他にゆずりわたせない生活や文化を子どもとともにつくり出すことで「権利としての障害児教育」の土壌を耕しました。
教育政策が子どものねがいを切り捨て、教師の自由を奪い、学び方や教え方を画一化するかたちで入り込んでくる今日、「教室の中のしごと」にこだわり続ける。このことが、逆説的ですが、教室を越えて、上から降りかかる政策や要求を、子どもの側から発達保障にふさわしいものへと組みかえていく力になるのではないでしょうか。

注

（1）清水寛『学ぶこと生きること―未来の教師たちへ』ぶどう社、１９８０年。
（2）越野和之「障害児教育に携わる教師の自己形成とその今日的論点」『障害者問題研究』第41巻4号、２０１４年。
（3）田村勝治「子どもの力を伸ばす―教師のしごと」吉本哲夫・坂爪セキ・横田滋編『かぎりない発達をもとめて』鳩の森書房、１９７１年。
（4）坂爪セキ『生きる力をこの子らに―障害児学級12年の実践』あゆみ出版、１９７７年。
（5）大野英子『あしたてんきになーれ』全障研出版部、１９８５年。
大野英子「昭和を生きる―障害児教育に魅せられて」清水寛編著『生きること学ぶこと』創風社、１９９２年。
（6）大野英子『あしたてんきになーれ』１９８５年。

4 ねがいを寄せ集める器

２０１７年８月に全障研の第51回全国大会が開催された鹿児島県には、離島があります。島ごとに現状は異なりますが、特別支援学校がないため、より手厚い教育を求める子どもたちは、特別支援学校に就学するために６歳で島を離れるか、島で訪問教育を受けるかという選択を迫られてきました[1]。特別支援学校を選択すると家族が離れ離れになることもあります。訪問教育とはいえ、身近に特別支援学校があれば十分に通学可能な子どもたちもいます。

離島という固有の環境に応じて、子どもの発達を保障する仕組みをつくる努力もなされていますが、親たちは「子どもに合った学校がほしい」と語り、特別支援学校の分教室設置を求めてきました。「生まれた島で暮らしたい、育ってほしい」というねがいは、「学校がほしい」というねがいと分かちがたく結びついている。学校へのねがいは、子どもの発達保障や幸福な生活へのねがいを寄せ集めていく「器」だと思うのです。

1979年の養護学校義務制実施以前、「学校に行きたい・行かせたい」という無数の、切実なねがいを受けとめながら教育権保障運動が広がりました。障害のある子どもの発達や権利保障へのねがいが、学校へのねがいにたぐり寄せられていく時代の経験に学びながら、「学校に行きたい・行かせたい」というねがいの歴史的な意味を考えてみたいと思います。

■学校から排除される悲しみを原動力に

義務制実施以前、重い障害のある子どもたちは就学猶予・免除によって学校から排除され、福祉施設を利用するにも猶予・免除が求められました。1970年代に入っても全国で2万人を超える不就学障害児がいました。

春

みんながうきうきする春が／もうすぐやってくる／入学式、一年生／みんな晴れがましい顔／でも／ひろ子ちゃんのママは、また／頭から／ふとんをかぶって／泣くのかな／ことしで三回目／入学式の日は／いつもそうなの

信君はもう大きいけど／歩けないから　ママがおんぶ／ママがつぶれそう／学校に
行きたくても／口がきけないし／歩けないから／入れてくれない
身障児の学校は　あるけれど／とっても遠くて／通えないんだ／すぐ熱がでるもん
／そして手足が　すごーく／痛いんだ

かおるちゃんは／真赤なランドセルを／買ってもらった／学校へ行くと／ハリキッ
ていたけど／やっぱり　三年猶予して／そのままいけなかった／いまはもういない
けど／ママは／真赤なかおるちゃんの／ランドセルを机において／かわいい笑顔を
／思い出している
また　入学式が　近づいた／今年は／頭からふとんをかぶって／泣くママが／何人
いるのかな

学校から排除される悲しみを綴ったこの詩は、東京都文京区で不就学をなくす運動に取り組む母親が書いたものです[2]。母親は、学校に行くことを望みながら亡くなった娘への償いとして運動に参加し続けたそうです。運動の仲間とともに綴ったこの詩は、教育権保障運動にとりくむ人びとの思いと響き合いながら、運動の原動力となりました。

■ぼくらにも教育・医療・福祉を

東京都文京区では1971年から72年にかけて、親や教師を中心に「文京区心身障害児実態調査委員会」がつくられました。当時、文京区には国立大学附属の養護学校があっても入学できるとは限らず、また特殊学級のある学校も少なく毎年入学が制限されたりして、在宅生活を強いられる「未就学児」がたくさんいました。調査委員会では未就学児の親にアンケートを配り、母親と教師や学生がペアになって一軒ずつ家庭訪問して実態や要求を詳細に聴きとり、20人分の生きた情報と切実な声を集めました。「未就学児」という呼び方には、本来就学できる子どもたちが未ださせられないでいる状態への批判が込められていました。

障害のある子どもたちは成長とともに、からだが大きくなり体力もついてくると、母親の手で外出することも難しくなる。就学を迎える頃には、母親と二人きりの在宅生活に閉じ込められ、生活リズムが崩れ、単調な生活が繰り返されていく。子どもの発達する力は奪われ、できていたことすらできなくなり、いのちを落とす子どももいる。母親は子どもにつきっきりのため仕事もできず、買い物に行く余裕すら奪われ、家族以外に頼れる人も少ない。調査活動は、学校に行けないことが子どものいのちと生活の土台を奪い、家族の生活や労働、人間関係をも収縮させて、子どもの発達の停滞や退行をもたらしている実態を明らかにしました。

その状況をなんとかしようと、地域では親や大学生サークルによる自主的なグループ保育も行われました。すると、子どもが言葉を話すようになる、落ち着いてくる、友だちを意識して遊ぶようになる。実態調査はいっぽうで、親や家族以外の人からの教育的な働きかけや集団が保障されることで子どもが発達していく事実を、親自身が鋭いまなざしと希望をもって確かめ、「学校へ行かせたい」というねがいが正当な権利なのだという認識を獲得しつつあることにも光を当てたのです。

こうして母親たちは、「未就学」という問題を個別具体に掘り下げながら、就学猶予・免除制度が子どもの教育権を侵害し、当たり前のねがいを不当に押さえつけ、子どもから医療や福祉の権利をも奪っていく差別の構造をとらえ返したのです。『ぼくらにも教育・医療・福祉を』。調査委員会の報告書はそう名づけられました。

■社会をつくり変える主人公として発達する

親たちは報告書を手に、親が参加しやすいように自宅での小集会をいくつも開いて悩みやねがいを語り合いました。美濃部都政が「対話と参加」による政策づくりを進めていた時代であり、議会請願のほか、区の担当者との対話集会を開いて、「養護学校をつくってほしい」「障害の重い子どもも特殊学級に入れてほしい」と、母親一人ひとりが、わが子の生い立ちや教育へのねがいを行政に直接訴えました。最初、母親たちはわが子のことを話そうとすると涙があふれて言葉にならず、予行練習をしても胸がつかえて話せなかったそうです。報告書にある母親の声を聴いていくと、あきらめの気持ちを心に滑り込ませられることもあった母親たちが、運動に参加していく過程でつながりを広げ、自らを要求と権利の主体へとつくり変えていく姿がうかがえます。(3)

みんなお他人さんなのに障害を持つ親だというつながりだけで全くわが家のような気がする。どの子も我が子同然（笑い）。こうして笑って話せるようになったなんて、私、うれしくてしょうがないですよ。

やっぱり、実態調査ということで親がずいぶん変わって来たんじゃないか。…心臓ドキンドキンで、とにかく行ったんですヨ。そしたらとてもスムーズに行った。あぁよかった、やっぱり来てよかったんだなあって。むこうでも喜んでくれて、色々な話ができたんです。胸をドキドキさせながらも行けたということは、それだけやっぱり成長したんではないかな。

お母さんが本当に自分のとらえた毎日の生活の中で、子どもにこうしてやりたいっていう気持をやっぱり訴えることが運動を広げていく一番のおおもとのところになるんじゃあないかという確信をもちました。お母さんの訴えていく情熱っていうかそういうものが相手を動かしていくんですね。

日本の社会運動は「積極的・主体的にからだを運び動かす」ところに特質があり、「権力性や取引性」で人や社会を動かすのではなく、「共同の関係を構築しようという民衆の長い努力と工夫の積み重なりによってつくり出され定着化されてきたもの」という議論が同時代にありました。(4) 文京区の運動は、まさに母親自らが地域に足を運んでねがいを掘り起こし、「学校に行きたい・行かせたい」というみんなのねがいをつないで行政に運び届け、固く閉じられた学校制度を動かしたのです。

東京都では1974年に障害児希望者「全員就学」政策が実現しました。障害のある子どもの親が、自らのねがいをもとに人びとをつなぎ、発達と権利が保障されるように社会をつくり変える主人公として発達する経験をつくり出していくなかで、養護学校義務制への道は拓かれていったのです。

■不朽のねがいに刻まれた経験と歴史に学ぶ

調査委員会の委員長として文京区の運動を支えたのは、東京大学教育学部の助手になりたての若き教育心理学者、茂木俊彦《もぎとしひこ》でした。当時、通常の子どもと比較して障害のある子どものできなさや違いに着目し、発達や教育の限界を明らかにする研究が主流であり、それが就学猶予・免除はやむなしとする見方、教育権を侵害する構造を支えもしたのです。全障研運動や発達保障論との出会いを通して、自らも身を置いてきたそうした学問研究への批判意識を深めつつあった茂木は、「未就学」の問題に深く分け入り、母親たちが子どもの発達へのまなざしと教育へのねがいを突き詰めていきながら「未就学」がもたらす権利侵害の構造をとらえ返し、教育の必要性を証し立てていく姿に学んで、教育権保障の仕組みをつくり出そうとしたのです。だから茂木は、親のねがいと問いを引き受けながらも、親自身が調査と運動の主体となることを重視し、みんなが発達保障のとりくみに参加できる条件づくりにこだわったのです。

茂木には、かつて教育相談員として障害の重い子どもたちにやむなく就学猶予を勧めた経験があり、その負い目が運動にとりくむひとつの原動力になったといいます。「幾人もの親の止めどなく流れる涙に接しながら、相談員としてその悲しみや怒りの深さにどこまで共感的な理解をもったか、どこまで粘って就学保障の道をさぐったか。事実は

1972年6月1日（木）　文京の教育　第18号　昭和46年5月12日 第3種郵便物認可　毎月1回1日発行（2）

第16回例会中心テーマ

はどうなっているか

――この子らに教育・医療・福祉を

「学校へ行きたい」「行かせてやりたい」と願っているのに、学校へ行けない子どもが文京区にも大勢います。一方では小中学校の教科書も変わり、つめ込みが進むなかで「特殊児」「学業不振児」が作り出され、特殊学級に送りこまれている話もききます。
他方では心身障害のある子どもを特殊学級・養護学校・養護施設に入れたくとも入れてもらえず悩んでいる親も多いのです。これは障害児の親だけの悩みにしておいてはならない問題です。今回は文京区心身障害児実態調査委員会から報告をしていただきました。

報告中の茂木委員長

文京区心身障害児実態調査委員会のあゆみ

委員長　茂木俊彦

実態調査委員会の誕生

委員会は昨年九月に成立・発足しました。障害児がたいへん厳しい条件の中で発達をおしとどめられ様々な権利を奪われていることは今までの経験でわかっていましたが、はっきり調査し、その結果をもとに種々の権利獲得運動を展開しよう、という目的と見通しをもって実態調査をはじめたのです。
こうした運動の基礎は調査委のできる前からありました。障害児の親の「手をつなぐ親の会」、千石教組での訴え、昨年二月の「美濃部さんと婦人の対話集会」での馬道さんの訴えなどで、一般の親とも話しあうことで共感をよせられたという経験があったのです。障害児の親だけが集まって話すのでなく、何かの運動をしようという動きと、訪問学級の先生、東大の研究会、どんぐりサークルなどの力が合流してできあがったといえるでしょう。

調査がはじまる

調査項目は障害児の親や教師などが集まり、日常生活の中で困っていることや教育・医療・福祉に対する要求を検討して、皆で作りあげました。文京区内の障害児の中でも特に知恵遅れの子、知恵遅れと肢体不自由の二重障害の子を重点の対象として調査がはじまりました。障害児の親、教師、学生などが二人組で区内の家庭を一軒一軒まわって調べ、それを「ぼくらにも教育・医療・福祉を」という報告書にまとめました。
一月の座談会ではこの報告をもとに、障害児の親の、教育に対する種々の要求がはっきりしました。学校教育法では就学免除・就学猶予がきめられ、それによって学校教育から排除されて在宅障害児となっている子どもたちがいます。
この現状を打解し、人間として当然の教育を受ける権利を要求しようということで、豊かな内容の強い要求が出てきました。

与謝の海養護学校に学ぶ

私たちは軽度の障害児だけでなく、重症や重複障害児も含めたすべての子に教育を保障する条件を作り出そう、と長期的な見通しが出てきました。しかし親としては寝たきりの重症児が教育を受けられるとは、全く思いもよらぬことだったわけです。でも同じ人間として生まれ、生存し、発達していく過程で、教育をぬきにしては考えられない。ではその見通しがあるのかどうかということで、京都市の与謝の海養護学校に代表三人が見学に行き、先生たちや障害児

5月例会

国民の教育権と地方自治の確立を

―和歌森会長のあいさつ―

まことに不十分であったと認めざるを得ず、子どもや親の顔も思い出せなくなっている現在でも、自責の念が消えないのである」[5]。

障害のある子どもの教育権保障運動が「発達に上限はなく、教育に下限はない」というふうに、当時の支配的な発達や教育の考え方を揺さぶっていく過程は、運動にかかわる人びと自身の発達観や教育観が問い直されていく過程でもありました。問い直しの契機はさまざまですが、「学校に行きたい・行かせたい」というねがいを「器」に寄せ集めていく過程には、人それぞれの葛藤やもがきの経験が刻まれていました。茂木の「自責の念」も、歴史の限界ではなく、発達保障の担い手へと発達していく過程で抱え込まざるをえなかった、同時代に刻まれた葛藤として理解したいのです。

一人ひとりの思いと経験に添いながら教育権保障運動の歴史をふり返る時、今日のわたしたちのねがいや悩みが、当時の人びとのそれと根っこでつながっていることを実感できるし、「学校に行きたい・行かせたい」という不朽のねがいを「器」として、多様なねがいを結び合わせてきた歴史を意識しながら、発達保障にふさわしい学校の仕組みと条件を、今日の状況に即してつくり出していけるのではないでしょうか。

注

（1）2010年度から与論島で、2013年度からは徳之島と沖永良部島で、高等部訪問教育の制度を利用し、高校の施設を活用した「特別支援室」（鹿児島県立大島養護学校）が設置されてきました。2018年度からは、屋久島でも中種子養護学校高等部特別支援室が開設されることになりました。

（2）『障害をもつ子どものグループ連絡会ニュース』№11、1971年。

（3）文京区心身障害児実態調査委員会『ぼくらにも教育・医療・福祉を　文京区心身障害児実態調査（第一次）の報告』1972年。

（4）高畠通敏「運動の政治学」日本政治学会『年報政治学』1976年。

（5）茂木俊彦「障害児教育研究40年―思い出すままに」東京都立大学人文学部『人文学報（教育学）』第40号、2005年。

5 根っこを照らし新たな地平を拓く光

教育・保育実践において子どもから学ぶことが大切だといわれますが、それは決して容易なことではありません。１９７０年代の障害児保育の始まりに焦点を当てながら、子どもに学ぶ・教えられるという経験が同時代の人びとにもたらした意味をふり返り、そこから新たに拓かれていった発達保障の地平を確かめてみたいと思います。

■「保育元年」――障害児保育の始まり

障害のある子どもすべてに義務教育を保障しようとする運動は、１９７０年代に入ると養護学校義務制実施を見通しながら、乳幼児の保育・療育の場づくりにつながっていきます。いっぽう、１９６０年代半ばから、働く女性たちは産休明けからの乳児保育を求め、「ポストの数ほど保育所を」という保育所づくり運動が広がり、すべての子どもに集団保育を保障しようという声とともに、障害のある子どもの保育要求も大きくなっていました。

滋賀県大津市では、山田耕三郎市長による「人間をたいせつにして市民の生活を高める市政」のなかに保育政策が位置づきます。1973年を「保育元年」として、全国で初めて保育所、幼稚園への入園を希望する障害のある子ども全員の受け入れを開始しました。一般的には、保育所は親が就労していたり病気のために「保育に欠ける」子どもだけに対象を限定していたので、障害のある子どもは入れませんでした。ですから、国の障害児保育制度（1974年）に先駆けて「保育に欠ける」という要件に子どもの障害を含めることで、子どもの発達に必要な条件を保障する仕組みをつくり出したことは画期的でした。

■子どもの発達に必要な生活をともにつくる

大津市の障害児保育制度は、1973年から75年にかけて整備された「大津方式」といわれる、乳幼児健診から保育・療育・就学へとつながる障害乳幼児対策に組み込まれていました。1950年代末、戦後初期から続く母子保健のとりくみに近江学園の研究スタッフが参加・協力していきます。発達研究や乳幼児健診で得られたデータを根拠として発達診断・相談の視点が加わり、大津市医師会の協力も得ながら、総合的な発達保障の仕組みができあがりました。発達保障の思想と自治体の健康福祉行政の仕組みを結びつける共同の努力が、地域に生まれ育つ子どもの発達と健康を守り、子育てを社会化していく素地を固めていったのです。障害のあるわが子にも当たり前の生活や集団を保障したいという親のねがいが「やまびこ園・教室」という早期療育の場をつくり出し、保育所、幼稚園での受け入れを進める原動力となりました。

ある母親は、やまびこ教室に2年間通ううちに、わが子に体力がつき、食欲もさかんになり、感情も豊かで友だちもたくさんできたので、「これ以上のことは望むまい」という気持ちでいました。しかし、療育の場で「子どもにとっておいしいものは、食べるものだけではありませんよ。目で見るもの、耳で聞くもの、すべてがおいしいものなのです。だから、もっともっと、いろんな経験をさせてあげてください」と教えられ、「これからそのおいしいものをさがしながら、毎日を歩きつづけたいと思います。だから、よそ見をしたり、後をふりかえったりしないで、少しでもいいから前を見ながら、いいえ、前だけを見つめて歩きつづけましょう」と気持ちを新たにしたといいます。(1)

大津方式は「健診もれゼロ、発見もれゼロ、対応もれゼロ」という「3つのゼロ」という目標と、これをめざす保健婦や発達相談員の熱意と努力によって支えられました。健診や療育の場で母親と子どもの発達の事実を分かち合い、不安や悩みを受けとめ、子育ての喜びと見通しを手渡しながら、子どもの発達に必要な生活を共同でつくり出していきました。「親は子どもの発達の第一線にいる。ここに協力して、その願いと結んで激励するのでなければ、健診が子どもたちの発達を保障する活動になっていくことは難しい[2]」とは、大津方式の基礎を築いた発達相談員、田中杉恵《たなかすぎえ》の言葉です。

■映画「光の中に子供たちがいる」と「人間」の希求

大津市は、広報映画『保育元年』『続保育元年』『続々保育元年』によって障害児保育の実践を記録しました。これらを手がけたのが、びわこ学園の療育記録映画『夜明け前の子どもたち』（1968年）の製作に音響スタッフとして参加した大野松雄《おおのまつお》でした。

大野は続けて、大津市立朝日ヶ丘保育園を舞台に、カズエちゃん（3歳10ヵ月、プラダーウィリー症候群）という女の子の入園から卒園までの3年間を記録した『光の中に子供たちがいる』（3部作、1975～77年）を自主製作します。映画は、カズエちゃんの発達を軸に子ども集団の育ち合いを描き出しています。モノクロ映像（第3部のみカラー）でありながら、個性あふれるカズエちゃんの育ちは明るくて誇らしく、子ども同士のかかわり合いも自然に描かれています。

カズエちゃんは、友だちや先生と同じことをやってみようとする。もう一度やったことを確かめる、いたずらをして試してみる、自分なりに工夫してみる。カズエちゃんは「ひとりでする」だけでなく「みんなと一緒に自分でする」[3]ことが嬉しいのです。それは個人主義とも、個人より集団に価値を置く集団主義とも違います。集団のなかで子ども自発性を大切にし、一人ひとりのねがいが尊重される集団をつくる。そのなかで個人が民主的な「人格」として発達していく。映画第1部のサブタイトルは「大津市における新しい保育の実践」でした。障害児保育という制度の「新しさ」ではなく、「みんなと一緒に自分でする」というかたちで、障害のある子どもが民主主義の主人公へと発達していく経験が「新しい保育」の中身を規定していたのです。

全国的に障害児保育が広がっていく時期でしたから、この映画は各地で上映されました。大津市の中学2年の男子生徒の感想を紹介しましょう。[4]堅苦しい文章ですが、「人間」という言葉を繰り返し使いながら、映画が発するメッセージを自分なりに受けとめようとしています。

カズエちゃんの成長を見て僕は生まれて始めて成長の尊さ、人間の尊さを知ったような気がする。なんだか自分自身を振り返ってみる必要があるように思えてきたりもする。「人間」をもっともっと大切にしなければならない。自分自身そして他人をもっと鋭い目でみつめる必要があると思う。……この映画は、非常に「人間」を考えた重要な映画だと思う。……みんなが協力して、友をつくり、思いきりやって、生きていくことを教えられた。そして、人類はみな同じだ平等だ。

映画を観た人びとは、カズエちゃんが自分らしく、友だちのなかで育ちゆく姿に「人間」の尊厳を感じとり、「人間」らしさを取り戻していこうとする力強さを教えられたことでしょう。高度成長による生産の拡大や効率性の追求は、暮らしの「豊かさ」をもたらすとともに、企業や学校を中心に人間を「非人格化」して競争と管理へと追い込む社会をつくり出しました。１９６０年代後半から70年代にかけて、地域や暮らしの場から経済成長を優先する社会を問い直し、「人間」の尊厳や暮らしを取り戻そうとする人びとが声をあげはじめます。政治運動や労働運動に加えて、住民や市民が主人公になる運動が各地で活発化し、革新自治体の誕生を支えました。

「人間」であることが損なわれる社会にあって、人びとが「人間」としての尊厳や権利が奪われていくことへの想像力を取り戻し、誰もが「人間」として大切にされる社会をつくろうとする民主主義の希求を、カズエちゃんは体現していたのではないでしょうか。映画を普及するために「上映をすすめる会」がつくられました。会に参加する人の多くは、障害児保育の関係者より、「もっと広く、差別のない健全な人間関係」を希求する人びとであったといいます。

「光の中に大人たちもいる」という地平

映画はカズエちゃんと子どもたちの育ち合いに重ねて、大人たちも変わっていく姿を記録しています。大野は、映画をつくりながら「子どもたちと育ち合う」ということが実感としてわかったと言い、「光の中に子供たちがいる」というタイトルの「光」に込めた思いを次のように語っています[5]。

私は、光源は子どもたち自身と考えています。障害を持とうが持つまいが、子どもたちはみんな「光」です。子どもたちは自身の光で輝き合っているのです。ところが、恵まれない子らに、大人たちが光を当ててやらねば……という考え方が、意外に多いのです。…「大人」たちが子どもたちにしてやれることは、みんながもっと輝くよう手助けをする……精々その程度のことではないでしょうか。私たち「大人」は、子どもたちを「指導」したり「教え」たりする前に、まず子どもたちと友だちになりましょう。…その時「大人」たちは、初めて「子ども」たちに照らされてにぶく輝くでしょう。…そして「光の中に大人たちもいる」状態が出現し、子どもたちはやっと安心して、光をうたい続けられるでしょう。

大野は『夜明け前の子どもたち』や『保育元年』の製作に携わりながら、障害のある子どもたちは「単なる被写体、対象物として扱われたに過ぎないのではないか」という「心の負債」を抱え続けていました。その心の葛藤と向き合いながら「子どもたちの「心」を知るために、「心」の発達を記録してみよう」という思いが、大野を『光の中に子供たちがいる』の製作へと向かわせたのです。そして撮影の過程でカズエちゃんと自分とのあいだに対等な関係が結ばれていくとき、子どもと大人がともに発達していくことを実感したのです。

大野は「この子らを世の光に」という糸《いと》賀《が》一《かず》雄《お》の思想を、カズエちゃんとの「友だち関係」や「ヨコの関係」においてとらえ返し、映画のなかでカズエちゃんを発達保障の主人公として造形しました。「光の中に大人たちもいる」とは、自分を深く縛りつける価値と自覚的に向き合い、その縛りを解き放っていくとき、その人の人格が光り輝くという大野の思想経験を通して切り拓かれた発達保障の地平だったのです。

■拠って立つ根っこを照らし出す

障害のある人びとの存在を「光」とする発達保障の思想は、めざすべき輝かしい理想として語られたわけではありません。それは、人間を刻み落としていく社会と人びとの生き方を問い返し、人がともに生きる、育ち合うもう一つの可能性を洗い直すような価値や意識の根っこを照らし出す「光」でした。障害のある子どもに学ぶとは、子どもたちが照らし出す根っこが深く広がることをねがって土壌を耕していく営みにほかならず、そのことによって発達保障の思想は地表に芽吹き、枝葉をつけていきました。

わたしたちも子どもに学びながら、自分の拠って立つ根っこを探り当てる。そして、花を摘みとるように言葉をなぞるのではなく、一人ひとりの言葉の根っこをたどるようなていねいな語り合いを通して、みんなのねがいがしっかりと根を張って広がっていく社会を描いていきたいと思います。

注

（1）稲沢潤子『涙より美しいもの—大津方式にみる障害児の発達』大月書店、1981年。
（2）田中杉恵『発達診断と大津方式』青木書店、1990年。
（3）「光の中に子供たちがいる」上映をすすめる会『光の中に子供たちがいる—大津市における新し

い保育の実践』、1976年。
(4) 同前。
(5) 大野松雄「光の中に大人たちもいる—独断的発達についての覚書」『幼児の教育』第75巻6号、1976年。傍点は原文のママ。

6

実践に人あり、人に歴史あり

今、実践の成果をすぐに値ぶみし、他のだれかと取り替えがきくような働かされ方のもとで、教育や福祉の仕事の値うちを感じにくくなっていないでしょうか。発達保障の実践には、その担い手であるわたしたち一人ひとりの生き方を認め合い、ねがいや悩みを分かち合いながら、実践の社会的な価値をとらえ返していくことが求められていると思うのです。

1950年代後半以降、各地で多発した公害事件に象徴されるように、高度成長のひずみがいのちを破壊し、「新たに障害がつくられる」といわれた時代のなかで、発達保障のとりくみも生まれました。人びとは、社会のひずみや矛盾から障害のある人びとのねがいや発達保障の課題をどのように汲《く》みあげ、実践の価値をつくり出そうとしたのか。森永ヒ素ミルク中毒事件の被害者に向き合った人びとの経験に即して、そのことを考えてみます。

■森永ヒ素ミルク中毒事件

高度成長の始まりを告げようとしていた1955年の夏頃、西日本一帯で赤ちゃんに原因不明の発熱や下痢、便秘が続き、乳を吐く、お腹が腫れあがる、皮膚が黒くなるといった「奇病」がみられました。赤ちゃんはいずれも森永乳業が製造した粉ミルクを飲んでおり、やがてこのミルクに混入していたヒ素による中毒症状であることが判明します。厚生省はただちに商品の回収と販売中止を命じ、製造工場を閉鎖させました。事件発表後、医療機関には森永の粉ミルクを飲ませていた子どもを抱えた親が殺到しました。粉ミルクを飲むのを止め、解毒剤を投与すると激しい症状はすぐにおさまり、「治癒」と判定されたものの親たちの不安はぬぐえませんでした。

森永への責任追及と補償を求める被害児家族の動きが激しくなると、森永から依頼を受けた厚生省は第三者機関を設けて、死亡者25万円、患者1万円という補償金額を示しました。そして翌年には一回きりの一斉精密検査によって、被害児全員に異常はなく後遺症も認められない、今も続く症状は元の病気が原因だという結論を出し、治療を一方的に打ち切りました。厚生省は被害児1万2131名、130名が死亡したと発表しましたが、軽症のため保健所に届け出なかったり、近くに医療機関がなく放置されていた子どももいました。被害の大きさにもかかわらず、事件との因果関係も追及されないまま、被害児家族にはわずかな補償金が支払われただけで事件に終止符が打たれたのです。

■利益優先といのち切り捨ての先に

赤ちゃんのいのちの源であるミルクに猛毒が混入し、多くの犠牲を生んだこの食品公害事件は、利益を最優先する企業の論理、いのちと健康を切り捨てる厚生行政が引き起こした人災でした。森永では、粉ミルクを溶けやすくするための乳質安定剤として、アルミニウム製造工場から廃棄された質の悪い工業用の第二リン酸ソーダを使っており、これにヒ素が混入していたのです。品質検査をしないまま、粉ミルクの材料に産業廃棄物が使われていたにもかかわらず、厚生省も自治体も事件発覚まで行政指導をすることなく、問題を放置していたのです。

また1950年代は、母乳よりも粉ミルクによる育児が奨められた時代でした。乳製品企業が自社の粉ミルクを宣伝するために健康優良児を表彰する「赤ちゃんコンクール」のスポンサーとなり、各地の保健所が率先してこれを広めました。子どもの健やかな育ちをねがう親心を経済の論理にからめとり、子どものいのちと健康を犠牲にして利益を上げるという企業戦略を、当時の母子保健行政も容認していたのです。

■消えない苦しみと自責の念

「治癒」したはずの被害児たちは、その後も体調不良や後遺症に苦しめられます。それにもかかわず、医者はヒ素ミルク中毒というだけで診療や診断を拒み、世間からは先天性の病気を森永のせいにしていると冷たい視線が向けられることもありました。

社会の偏見や無理解に苦しめられた親たちは、しかし企業や行政への怒りよりも自責の念を抱いたのです。1950年兵庫に生まれ、ヒ素入り粉ミルクを飲んだという長谷川集平が自身の子ども時代を素材にした絵本『はせがわくんきらいや』でも、母親にその苦しみを語らせています。


「あのね、あの子は、赤ちゃんの時ヒ素という毒のはいったミルクを飲んだの。それから、体、こわしてしもたのよ。」

「でもあの子元気な方なの。もっとひどい人や死んだ人もぎょうさんおってんよ。」

「おばちゃんのゆうこと、ようわからへんわ。なんで、そんなミルク飲ませたんや。おばちゃんのゆうこと、わからへん。」

「そうやろね。そやけどあの子と仲ようしてやってね。」

母親たちは、「最も理想的な高級粉乳」と森永自らが宣伝する粉ミルクに猛毒が入っているとは知るよしもなく、医者の勧めるまま泣き苦しむわが子に祈るようにミルクを飲ませ続けたのです。被害者弁護団団長の中坊公平《なかぼうこうへい》弁護士も、裁判で母親たちが背負わされた罪なき罪の理不尽さを訴えました。「安らかに眠っている子供を見て、母親だけを信じているその子供を裏切ったことに対する自責の念なのです(2)」。

■被害児たちとの出会いから事実の追求へ

事件は社会から忘れられていき、その間にも被害児たちは学齢期を迎えますが、障害のために就学猶予・免除となり、学校に行けない子どもたちもいました。かれらが中学生になる頃、大阪府立堺養護学校の養護教諭大塚睦子《おおつかむつこ》は、在校生の実態を調べるうちに脳性マヒ児童のなかに一人の被害児を発見します。大塚が丸山博《まるやまひろし》（大阪大学医学部）のもとを訪れてこの事実を伝えると、大阪市内に同様の被害児がいないか調べるよう助言されました。

丸山は、乳児死亡問題を一貫して追究してきた社会医学者であり、戦時下には乳児死亡率全国一位といわれた大阪府岸和田市で保健婦による母親への聴きとり調査を行い、貧困という社会経済条件の劣悪さこそが乳児死亡の原因であることをつかんでいました。

子どもの死の現実のなかに社会の矛盾をとらえていく丸山に示唆を受けた大塚は、大阪市内の若い養護教諭や保健婦、医学生たちとともに被害児家族の追跡調査にとりくんでいきます。

大塚たちは、古い被害者名簿を手がかりに、勤務時間外や休日を利用して大阪府下の被害児の家を訪ね歩き、被害の状況や生育史を克明に聞き書きしていきました。(3) 駆け出しの養護教諭や保健婦たちは、今も続く被害や苦しみの大きさに圧倒され、子どものいのちと健康を守る責任がありながら、被害者の声を聴くことのなかった自分を反省せずにはおれませんでした。だから、大企業の責任を再び問うような調査はやめるよう圧力を受けても、これに屈することなく事実を追求し続けたのです。

■「14年目の訪問」の衝撃、そして「恒久対策」へ

訪問を受けた家族はみな、事件当時を昨日の出来事のごとく鮮明に記憶しており、長年にわたる苦しみと不安の日々を、涙を流し、また怒りや悔しさをにじませながら語りました。ある母親は、肌が黒くなった子どもを保健婦にみせましたが、ヒ素中毒による色素沈着だとわからず、「お母さんのお風呂の入れ方が悪い、しっかり洗うように」と注意されたといいます。

思春期を迎えた被害児たちは、肢体不自由や知的障害、心臓や腎臓の病気などの後遺症に苦しむだけではなく、疲れやすく集中力が続かない、落ち着きがないといった心身の不調に悩まされ、学校生活や将来の就職・進学に不安を抱えていました。「いつか、友と手をつないで、大地を力いっぱい走ってみたい」という15歳の女子中学生の声は、健康と希望を奪われた被害者みんなのねがいでもありました。[4]

聞き書きによって集められた68事例は『14年目の訪問』（１９６９年9月）というガリ版刷の冊子にまとめられ、80％以上の被害者が今なお後遺症に苦しんでいる実態を告発したのです。[5] 丸山は、この調査結果を日本公衆衛生学会（１９６９年10月）でただちに発表し、発生から14年経ってもなお事件が未解決であることを訴えました。

「14年目の訪問」が事件を再び社会問題化させると救済運動も再燃しました。「森永ミルク中毒のこどもを守る会」は、裁判や森永製品不買運動に取り組みながら社会の支持を広げ、被害者と森永乳業と厚生省による「三者会談」を実現させます。１９７４年4月には「ひかり協会」が設立され、「三者会談」を継続しながら被害者全員を恒久的に救済する「恒久対策」という史上例のない方式を確立させました。ひかり協会は「一人はみんなのために、みんなは一人のために」を合言葉に、半世紀にわたって被害者をつなぎ合わせ、かれらのいのちを支え続けています。[6]

■自分をとらえ返す「心のバネ」

若き養護教諭や保健婦たちも「14年目の訪問」を通して、被害者の苦しみに共感しながら、子どものいのちと健康を守る専門職として自立していきました。大塚が養護教諭として学んだのは、事実の重みにこだわり、自分の頭で考え実践すること、子どものいのちと権利を守るためにみんなが共同することの大切さでした。

その後、大塚は養護学校において、てんかん発作のある子どものプール指導、肢体不自由の子どもたちの生き方を支える性教育や障害理解学習、重症心身障害や医療的ケアが必要な子どもの生きる力を育むとりくみを同僚や保護者とともに進めていきます[7]。それは「衛生とは生命、生活、生産を衛る実践的行為である」という丸山の「衛生」観を、障害のある子どもの教育実践に即して具体化するものでした。そして「14年目の訪問」の調査手法は、障害のある子どもの不就学をなくす運動における実態調査にも引き継がれていきます。

森永ヒ素ミルク中毒事件被害者のいのちを守り、権利を回復する共同の努力は、障害のある人びとの発達を保障する時代の扉を開くとりくみにも通じていました。そして、経済成長と引き換えに人間のいのちや権利を切り捨てる「豊かな社会」を問い直すには、障害のある人びとの現実と出会い、そのねがいに共感し学ぶことを「心のバネ」とすることで、自分の生き方や実践をとらえ返す経験がどうしても必要だったのです。

わたしたちは、実践の担い手がそれぞれにつむいできた歴史《あゆみ》が、障害のある人びとのねがいを真ん中にして出会うことで、小さな実践をみんなのものにしてきたのだと思うのです。自分の歴史《あゆみ》を語り合い、わたしたちは何を「心のバネ」としてきたのか、わたしたちのとりくみとして発達保障の実践の歴史がどのように織り合わされてきたのかを考えたいと思います。

注

(1) 長谷川集平『はせがわくんきらいや』すばる書房、1976年。
(2) 中坊公平『中坊公平・私の事件簿』集英社新書、2000年。
(3) 大塚睦子「一四年目の訪問―いのちと健康を守るために」鴨井慶雄・岡田道智編『未来をきりひらく障害児教育』鳩の森書房、1970年。
(4) 同前。
(5) 森永ミルク中毒事後調査の会編『復刻版　14年目の訪問―森永ひ素ミルク中毒追跡調査の記録』せせらぎ出版、1988年。
(6) 森永ひ素ミルク中毒の被害者を守る会機関紙「ひかり」編集委員会『森永ひ素ミルク中毒事件―事件発生以来50年の闘いと救済の軌跡』2005年。

（7）大塚睦子『障害児に学ぶ教育の原点—養護教諭35年の実践から』農文協、1994年。

7

いのちをつなぐ営み

近年、子育てや教育、福祉の歴史を通して「生きる」という人間の根元的な営みが問い直されています。そのなかで興味深いのが「捨て子」の研究です。江戸時代の捨て子を研究している沢山《さわやま》美果子《みかこ》によれば、江戸時代の捨て子は、子どもと親のいのちを共に守るためのやむを得ない選択肢としてある程度許容されており、捨て子は地域や家族相互のネットワークによって救われ、育てられていたそうです。

今日、子どもを捨てることは養育責任を放棄する身勝手な行為とされ、とりわけ母親の責任感や倫理観の無さが強く非難されます。ですから、捨て子が許される社会をただちにイメージしにくいでしょう。子どものいのちを守る「第一義的責任」は親にある。改正児童福祉法もそう言います。しかし、個人の責任やモラルだけを強調すると見えなくなるものはないでしょうか。捨て子の歴史は、「いのちを守る」という営みについてわたしたちが持っている常識やイメージを解きほぐしてくれると思うのです。

■江戸時代の捨て子たち

沢山の『江戸の捨て子たち』に学びながら、江戸時代の捨て子たちの姿をみてみましょう[1]。

寛政11(1799)年6月11日の朝六つ半(午前7時頃)、江戸の岡山藩の下屋敷の門のそばに男の子が捨てられていました。男の子はいくつかの布を継ぎ合わせた縞《しま》の古《ふる》袷《あわせ》と襦袢《じゅばん》を着せられ、小布団に置かれていました。身体に疵《きず》はなく、子どもの脇には「絹継々綿入《きぬつぎつぎわたいれ》」「紋帷子《もんかたびら》」「木綿襦袢《もめんじゅばん》」などのいくつかの着替えや手ぬぐい、腹掛け、枕などが添えられ、守袋《まもりぶくろ》にはお守りと「一一月八日やす二郎」と書かれた紙に包まれた産髪《うぶがみ》とへその緒が入れてありました。

生後7ヵ月のやす二郎はまず屋敷の役人に引き取られ、妻たちから乳が与えられます。その後、捨て子の発見者であり、屋敷に出入りもあった百姓の勘久郎が貰い受けたいと願い出たので、藩による吟味の結果、信頼できる人物であると判断され、発見から5日後、やす二郎は養育金三両を添えて、勘久郎に引き渡されることになりました。

■いのちへのねがいと生きるための苦悩

江戸後期の岡山城下の捨て子記録77件(1801～1860年)を調査した沢山によ

ると、男子が29件、女子が48件と女子が全体の62％を占めており、年齢は生後1歳未満が60人（78％）、そのうち17人（28％）が生後1ヵ月未満でした。人通りの多い街道沿いの裕福な町人や役人の屋敷の戸口で発見されることが多く、発見時刻は人目につきにくく、さりとて人通りが絶えてしまわない午後8時から11時頃に集中していました。子どもの傍には産髪やへその緒を添えた手紙が置かれ、寝具や衣類などのほか、お金、子どもの未来安全を祈願する羽子板、扇子、脇差《わきざし》（守り刀）などの所持品を伴っていたそうです。

立派な衣類や品々を添えるだけの余裕がある家もありましたが、捨て子をした多くは生活が苦しい下層の人びとであり、生活難、親の離別や死別、病気、乳が出ないという理由のほか、婚外子など事情はさまざまでした。とはいえ、捨て子の作法からは、わが子が誰かに確実に拾われることを期待し、無事に生き延びてほしいとねがう親心がうかがい知れます。子どもが生後すぐではなく、しばらく育ててから捨てられていたことも、子どものいのちをつなぐことへのねがいの表れといえます。

生後10ヵ月で捨てられた女の子に添えられた手紙の最後に書かれた「おめしにやかし候へハすいふんたへ申候」（ご飯を煮返して与えれば随分食べるだろう）という文からは、離乳期にさしかかったわが子のいのちへの気遣いが読みとれます。別の手紙には

「なさけなき浮世のために子を捨て我身を立てる親の心そ」（無情な世間を渡るために、子を捨ててでも、我が身を立てざるを得ない親の心をお察しください）という歌が書き添えられていたそうです。いずれも、捨て子が許されない行為だと知りつつ、親と子が生き延びるために、わが子のいのちを他人に託そうとした親たちの苦悩とギリギリのねがいが伝わってきます。

■「家」を守ることと子どもの成長へのねがい

江戸後期になると、人びとは夫婦と子どもからなる家族をつくり、親の代から受け継いだ「家」の存続に努めていきます。家族にとって子どもは貴重な働き手であり、「家」を継ぐ男子を確保するためにも子どもをたくさん産む必要がありました。なぜなら、子どもが無事に産まれて育つための難関がいくつもあったからです。

18～19世紀の日本では、出産のうち10～15％は死産であり、肺炎・気管支炎、下痢、腸炎などによって1歳未満で亡くなる子どもは20％、16歳まで生き延びることができたのは全体の約50％でした。(2) 一方、子どもをたくさん産むために妊娠を繰り返す女性のなかには妊娠中の病気や出産が原因で亡くなる人もたくさんいました。赤ん坊が亡くなっても母体が無事であれば、「平産」「安産」といわれたほどでした。

災害、飢饉、疫病、貧困といった厳しい環境を生きる人びとの「家」存続のねがいが、子どもの成長へのねがいと分かち難く結びついていくなかに捨て子のいのちもつながれていきました。後継ぎの男子がおらず「家」存続のために養子を必要とした家族。わが子を亡くしても、妻の乳がまだ出るので養子を希望する夫婦。養育料を目当てに、また将来の労働力として捨て子を貰い受けた人びと。捨て子養育を望む理由はさまざまでしたが、生活が苦しい家族ほど労働力となる子どもが必要とはいえ、多過ぎても養育困難になる。養子に出すための持参金も用意できない。だから〝子どもを捨てる・貰う〟という関係が生み出すつながりやしがらみのなかで、なんとか「家」を存続させようとしたのです。

家族の機能や絆はまだまだ弱く、誰もが家族を維持できるだけの社会的条件は成熟していませんでした。けれども、人びとのなかに子どものいのちを守るという感覚が、たしかに育ちつつあったのです。だから、江戸後期は「「いのち」の一八世紀[3]」といわれるのです。

■いのちのセーフティネット

かといって、捨て子が無条件に許されていたわけではありません。17世紀後半から徳川綱吉がとった「生類憐み政策《しょうるいあわれみ》」は、捨て子禁令に重点が置かれ、妊娠・出産・養子等を届出制とすることで捨て子を徹底的に取り締まりました。捨て子を発見した場で介抱・養育することを義務づけ、貰い受ける者を探し出し、養い親に養育料を支給するよう指示したのです。

諸藩も幕府にならって捨て子禁令を発し、取り締まりを強化していきます。当時の間引き教諭書も「子殺し」である堕胎・間引きと捨て子を区別し、人びとに捨て子が「無慈悲」な行為であることを意識させることで、「慈悲」や「仁愛」といった徳目を説いていました。

生類憐み政策以前、捨て子は野良犬の餌食でしたが、地域のネットワークのなかで捨て子が生き延びる可能性が広がった反面、捨て子を生みやすい状況も生じていたのです。しかし、地域・家族相互の助け合いも江戸末期にはだんだんと低下していき、自前のセーフティネットだけで捨て子を救うことが難しくなり、やがて国家が子どものいのちを管理する時代がやってきます。

■国家が保護・育成する子どもへ

地域の助け合いのなかで育てられてきた捨て子は、明治政府の慈善事業によって保護される子どもへと変化していきます。「戸籍法」（1871年）は、「家」制度からはじき出された「棄児《きじ》」として捨て子の存在を浮き彫りにしました。「棄児養育米給与方《きじよういくまいきゅうよがた》」（1871年）により、15歳未満（のちに13歳未満）の棄児には毎年米七斗（一日約二合）が支給されました。街に置き捨てられた子どもたちは、「東京市養育院」（1872年設立）という公的な施設に保護され、その多くは里親委託や養子縁組、商家への雇い預かりによって一般家庭に引き取られていきました。「家」を社会の基礎とする明治国家は、家族に捨てられた棄児を善良で従順な国民に育てあげるためにも、父母がいる家庭での養育を必要としたのです。

医療・保健制度が整うにつれて乳幼児死亡率も欧米並みに低下し、子どもを少なく産んで大切に育てる時代を迎えます。第一次大戦後には、子どもを中心に愛情あふれる家庭をつくるのは女性という性別役割分担の強化や母性愛の尊重とともに、子どもの「育児」の第一義的責任は産みの親にあるとする倫理観が本格的に広がっていきました。「人乳」や「女の乳」に代わる、母と乳を直接結びつけた「母乳」という言葉の誕生もそうした時代の変化を物語っています。(4) 堕胎や捨て子は罪に問われ、20世紀に入ると棄児の数は急激に減少していきました。そして、血のつながらない他人や家族に子どものいのちを託すことが強く拒否され、捨て子をためらう心情が増していくにつれて「親子心中」が社会問題化していくのです(5)。

捨て子たちが映し出す時代状況からは、子どものいのちを守り育てるという営みが社会の責任に開かれるのではなく、家庭や母親の手のなかに閉ざされていく歴史の流れを読みとることができます。かといって、江戸時代に帰れというわけではありません。人びとは身分制によって差別され、男性中心の「家」に価値が置かれるなかで、子どもや女性の地位は極めて低く、障害や病気も前世からの宿命と恐れられ、差別されていました。子どもからすれば、親に捨てられることの理不尽さは言うに及びません。それでも、弱くて脆《もろ》い子どものいのちを守るために、人びとが困難や矛盾を抱えながら社会的関係をとり結び、いのちを必死につないできた歴史には学ぶべきものがあると思います。

■いのちが人と人をつなぐ

捨て子の歴史が教えてくれたのは、人と人とのつながりのなかでこそ、いのちの存在を具体的に確かめることができるということ。いのちをつなぐ営みは、人がつながり合うことに他ならないということでした。

今日、社会のつながりを壊し、誰にも頼ることもできず助け合いすらできない状況をつくり出しておきながら、支え合いを強要し、あとは自己責任で生きろといわんばかりの政策が次々と打ち出されています。しかし、わたしたちのつむぎ出すつながりが織り重なり合うところに、いのちの存在を確かめ合い、いのちを守り育んでいく拠点があるといえないか。たとえば、高度な医療によっていのちの危機をくぐり抜け、重い障害とともに生きる子どもたちが「生きるに値する」と実感できるつながりを、わたしたちは具体的に築けているでしょうか。

そのつながりは「我が事・丸ごと」「地域共生社会」などの上から降りかかる言葉ではなく、わたしたちの日常や実践のなかでこそつむぎ出せる言葉によって具体的に語り合えるのではないでしょうか。人と人がバラバラにされがちだからこそ、一人ひとりのいのちが守り育てられるために必要なつながりが断ち切られることなく、豊かに広がっていく社会や制度をみんなでつくり出すことを大切にしたいと思うのです。

注

（1）沢山美果子『江戸の捨て子たち―その肖像』吉川弘文館、2008年。
（2）鬼頭宏『人口から読む日本の歴史』講談社学術文庫、2000年。
（3）倉地克直『〈全集・日本の歴史11〉徳川社会のゆらぎ』小学館、2008年。
（4）沢山美果子『近代家族と子育て』吉川弘文館、2013年。

（5）沢山美果子『江戸の乳と子ども——いのちをつなぐ』吉川弘文館、2017年。

8

自分たちでいのちを守る

今「我が事・丸ごと」という政策のかけ声が、地域住民による支え合い・助け合いを強調し、地域から生存権を押し流そうとしています。自分たちで「いのち」を守る仕組みをつくりながら、生存権の実現を求めた戦後岩手の農山村に生きた人びとの姿を通して、地域のなかで発達保障の仕組みをつくり出すために必要なことを考えてみます。

■豪雪・病気・貧困に苦しめられる村

岩手県和賀郡沢内村《わがぐんさわうちむら》は、盛岡市の西南、奥羽山脈の懐深く秋田県との境にあります。南北28キロにわたる深い盆地に5000人が住み、雨が多く冷たい気候のため冷害にみまわれてきました。冬には3メートルほどの雪が降り積もるため交通や産業が途絶え、1年の半分は「陸の孤島」。人びとは出稼ぎや炭焼きにより現金収入を得て冬場をなんとかしのぎますが、約1100世帯のうち1割が生活保護世帯という貧困な山村でした(1)。

村民のほとんどは医療費が払えず、医者に行くのは亡くなってからです。深い雪をかきわけ遺体を乗せた箱ゾリを引っ張り、死亡診断書を書いてもらうためだけに。戦前、ある父親が、亡くなった赤ん坊を背負って隣町の開業医まで歩いていきますが、到着が夜になり翌朝まで外で待たされ、辺りが白んでくるとそこには息絶えた子を背負う親の姿が何人か見えたといいます。病気になった老人が自ら命を絶つという不幸も珍しくありませんでした。豪雪と貧困が人びとのいのちを奪っていく悲惨な現実は、戦後も続いたのです。

■自分たちで生活をつくり変える

1957年5月、沢内村に生まれ育った深沢晟雄《ふかざわまさお》が、教育長から助役を経て村長に就きます。社会教育の推進に熱心だった深沢は教育長時代から地区ごとに婦人会や青年会を組織し、座談会や学習会を開いては「ものいわぬ農民」たちが自分たちの生活を制約するものに立ち向かうエネルギーを引き出そうとしました。村長就任後も積極的に座談会に足を運び、村を苦しめている豪雪、多病・多死、貧困を解消するためにどうすればよいかを村民と話し合いました。

深沢がはじめにとりくんだのが豪雪対策です。厳しい財政のなかどうにかブルドーザーを調達し、村民が知恵と労力を出し合い、貧しい懐からお金も出し合い、幹線道路を除雪して冬でも救急車やバスが通れるようにしました。宿命とあきらめていた豪雪を克服したことで、村民は自分たちで協力すればどんな問題でも解決できるのだという住民自治を手にしたのです。

■赤ん坊と母親のいのちを守る

続けて長く不在であった保健婦を採用し、村ぐるみで保健活動にとりくむために「保健委員会」を設け、地区ごとに「保健連絡員」を置きました。医師や保健婦たちは村の生活に入り込んで対話を積み重ねることで人びとの保健や予防の意識を高め、人びとの声を保健行政に取り入れようとしました。

夏と冬には岩手医科大学の学生とともに村をまわって検診活動を行い、乳児や妊婦の検診も導入します。保健婦は4人配置され、一人当たりの受け持ち人口は1700人と県下最高の水準でした。検診に来られない母親には必ず家庭訪問することで受診率はほぼ100%になりました。これらの活動を提案したのは、戦前から村役場で衛生係を務める高橋清吉《たかはしせいきち》でした。彼には生後すぐの高熱とひきつけが原因で重い知的障害が残った息子がいて、保健婦による早期の指導や検診があったなら、わが子の障害を予防できたのではないかという悔恨の念を抱いていたのです。

当時の岩手県は全国一乳児死亡率が高く、なかでも沢内村では出生1000人あたり70～80人という高率で、毎年10人近くの赤ん坊のいのちが失われていたのです（1954年で全国平均44・6人）。その背景には冬の寒さや貧困、母親の過重労働がありました。農家の嫁たちは家での地位も低く、育児は祖父母に任せて農作業や家事にからだをすり減らし、出稼ぎの時期ともなればその度合いはさらに増します。赤ん坊は未熟児で生まれたり、冬は日照時間も少なく光の入りにくい室内に置かれるため、くる病に罹って発育が遅かったり、少しの風邪で肺炎や消化不良を起こしました。仕事に疲れた母親が添い寝をしているあいだに、赤ん坊を圧死させてしまうこともありました。

そんな女性たちのもとに保健婦が訪問して相談・指導を行い、婦人学級や若妻学級でも母子保健、受胎調節、栄養などを学び合いながら、赤ん坊と母親のいのちを守る環境を整えていきました。祖父母にも理解を深めてもらおうと「オバアチャン努力賞」（副賞は座布団）を設けたことで、祖母が孫の発育を気にかけたり、母親の代わりに乳児検診に連れてくるようになりました。

赤ん坊のいのちを守ることを母親だけに押しつけず、家族みんなで協力する雰囲気がつくられるいっぽう、「育児は母親の手で」という責任意識も強まっていきます。赤ん坊を亡くした母親が「保健婦さんがあんなに一生懸命に赤ちゃんのことを心配しているのに自分の不注意からこんなになってしまって本当に申し訳ない」と保健婦に泣いて謝ったことがありました。障害のある子どもが生まれた母親の気持ちはどうだったのでしょうか。

■憲法25条が支えた「生命行政」

岩手県は無医村を多く抱えており、戦前から医療保健運動がさかんでした。戦後は岩手県国民健康保険団体連合会が中心となって国民健康保険（国保）を軸に「一村における社会保障制度の確立」をめざす運動が広がり、1955年には全国に先がけて国保の全県普及を達成します。1957年、国立岡山療養所に入所する結核患者の朝日茂が生活保護水準をめぐって厚生大臣を訴えた「朝日訴訟」が憲法25条と生存権を社会に知らしめたことは有名ですが、これに先立って、いのちの格差に苦しむ農村地域から国に向けて憲法25条の具体化を求め、社会保障制度の確立を促す運動があったのです(2)。

1958年12月、新・国民健康保険法が公布され、市町村の国保組合設置を義務化し、法定給付率が全国画一の5割となりました。岩手の運動は国保は市町村が運営主体であるから、自分たちの努力次第で社会保障制度を確立することができるという考えにもとづき国保の10割給付をめざしていたので、国民皆保険をめざす新法はむしろ足かせになったのです。

こうしたなかで沢内村は１９６０年12月、全国で初めて65歳以上の国保10割給付、窓口医療費を無料化します（国保直営の沢内病院以外の機関は５割）。翌年４月には60歳に対象を引き下げ、１歳未満の乳児も無料としました。これを国保法違反だとする声もありましたが、深沢は「法律違反かもしれないが、憲法には違反しない」という信念を貫き、憲法第25条を根拠として村民のいのちに責任をもつ「生命行政」を打ち立てたのです。

村の病院の待合室は、これまで財布の中身を気にし、家族に遠慮してからだの具合が悪くてもじっと我慢してきた老人たちでいっぱいになりました。安心して病院に通えるようになった姑《しゅうとめ》たちの心にもゆとりが生まれると嫁の健康に心を配るようになり、姑の目を気にしていた若い母親たちも気軽に病院に行けるようになりました。家族がお互いを気づかうようになると家のなかに温かい空気が流れ、村全体が少しずつ明るくなりました。沢内村の「生命行政」は保健予防に力点をおいた医療を軸に農地拡大や住宅改良などを進め、新しい地域福祉をめざしました。そして１９６２年には乳児死亡率ゼロを達成します。村民たちは、最も弱いいのちを守ることでつくり出される「健康で文化的な最低限度の生活」のなかに憲法25条と生存権の思想を発見したのでした。

■「弱者」の思想と「人間尊重」の政治

1961年夏、岩手国保連主催「保健活動事業夏季大学」の講演に招かれた深沢は、人間が生きることをいのちの再生産ととらえて「生命健康の問題だけは、これは完全に国家が責任を持たにゃけりゃいかん」と力説し、沢内村が老人・乳児の医療費無料化にふみきった理由を語りました。(3)

誰もが辿《たど》る年寄りへの運命であってみれば、その年寄りを生産能力がないからというので粗末にする、そういう風潮が一家の中に出るようでは、社会自体も無秩序の状態になる、村全体もそういう秩序のない村になり勝ちでございます。…年寄りを姥捨山《うばすてやま》のような考え方が、若い人やお嫁さんの中に出てくるようではもうぜんぜん問題にならん、もう人間尊重の精神とか、民主々義なんと称《たた》える資格のない者でございまして、私はどこまでもお年寄りというお気の毒な方々、自分の生命―一番大事なものにすら遠慮なさっている、生産能力をもたない方々、こういう方々に、最初の段階としてしぼったわけでございます。

老人や乳児のいのちを最優先に守ることが村の「秩序」の立て直しにつながり、「人間尊重を立てまえとする民主的な政治」の本旨である。それは経済成長を生みだす労働力に価値をおく社会にあって、生産や労働から遠いところに生きる人びとの視点から人間らしい生活を発見し、人間のいのちを守る国の責任を鋭く追及する「弱者」の思想でした。

1965年正月のラジオ放送で、深沢は「私は、民主主義の基本でありますところの、人命尊重の考え方を政治の最高、最終の目標と致しまして、今後も住民福祉のため努力致したい所存でございます」と挨拶しました。これが村民への最後のメッセージとなりました。1月末、深沢は任期半ばの59歳でこの世を去ります。降りしきる雪のなか2000人を超える村民が沿道で無言の深沢を迎えました。

老人保健法（1982年）によって国が無料であった老人医療費を有料化した時、沢内村の老人たちが医療費無料の継続を求める陳情書を筆でしたためて村議会に提出すると、全員一致で採択され、継続が決まりました。沢内村の人びとは「生命行政」がつくり出す人間らしい生活を土台としながら、自分たちでいのちを守ろうとする要求と変革の主体へとみずからを発達させていったのです。

2005年、沢内村は「平成の大合併」により西和賀町《にしわがまち》となり、老人医療費の無料化は廃止されました。沢内村では憲法25条を支えとして、いのちを軸に人びととの生活とつながりを民主的で共同的なものにつくり変え、最も弱い立場にある人びとのいのちの問題をみんなのねがいへと練りあげていく住民自治を発達させてきました。憲法25条の生存権を具体化するためには、地域住民が民主主義と自治の主人公として発達することが不可欠であり、そのための社会的条件が保障されなければならなかったのです。

■住民自治の発達保障

障害のある人びとの問題を「我が事」にとどめおき、社会保障の公的責任を個人の自助努力や地域住民と家族の共助のなかに「丸ごと」解消させることがあってはなりません。障害のある人びとのねがいを社会の問題としてとらえ返していくためには自助や共助を超えたところで広く共同を立ちあげ、住民自治を鍛えていくことが求められます。その場合、どんなに重い障害のある人も、自治の権利を行使する主人公として発達することのできる条件をつくり出す努力が、一人ひとりが豊かに生きられる土台を分厚くしようとする社会的要求を太らせるのではないでしょうか。

注

（1）沢内村のとりくみについては以下の文献を参照。菊地武雄『自分たちで生命を守った村』岩波新書、1968年、太田祖電ほか『沢内村奮戦記―住民の生命を守る村』あけび書房、1983年。及川和男『「あきらめ」を「希望」に変えた男―沢内村長深沢晟雄の生涯』日経ビジネス人文庫、2001年。

（2）高岡裕之「近現代日本の地域医療と岩手の医療保険運動」大門正克ほか編『「生存」の東北史―歴史から問う3・11』大月書店、2013年。

（3）「〈沢内村長の講演・録音再生〉政治の焦点がぼやけている‼―一番大切なのは人間の生命・健康なのに」『岩手の保健』第63号、1962年。

9

生きることを肯定する社会へ

2016年7月、神奈川県相模原市の「津久井やまゆり園」に暮らす障害の重い人たちが、その施設で働いていた青年によって殺傷された事件。青年は「障害者は不幸を作ることしかできません」と決めつけ、障害のある人びとを「安楽死」させることのできる社会を理想としました。そして実際に言葉を交わすことのできない「重度障害者」を選んで、いのちを奪ったのです。青年は優生思想の持ち主だとされ、「ヒトラー」の名前を口にしていたことから、この事件はナチスの優生政策のイメージとの結びつきを意識させることになりました。優生思想は歴史のなかで忘れ去られつつ「再発見」されることで、くり返し社会問題とされてきたのです。

■「再発見」される優生思想の歴史

優生思想とは、人間の生まれつきの生物学的特質に優劣をつけて「強く優れた人」が多く生まれることを促し、病気や障害があり「弱く劣った人」が生まれるのを防ぐという思想の総称です。その行き着くところは「生きるに値するか／しないか」といういのちの序列と選別です。生殖を人為的に操作して「質のよい人間」を造り出すことを研究する優生学のもとで、優生手術などの技術開発が進められてきました。

優生思想・優生学は20世紀に入ると国際的な広がりをみせます。その問題の現れ方は国や地域、政治や文化の状況によって多様であり、その歴史像も時代とともに変化してきました[1]。

ナチス断種法として知られるナチス・ドイツの「遺伝病子孫予防法」（1933年）は、本人同意を原則としつつ、遺伝性の知的障害や精神障害があり「低価値者」とみなされた人びとへの強制断種を認めた法律です。ナチスでは、徹底した断種政策により精神病院から対象患者が一掃されてしまったため、強制断種から障害のある人を直接かつ大量に抹殺する安楽死計画（T４作戦）へと密かに移行していきました。

ところが、スウェーデンやノルウェーといった「福祉先進国」においても、1930年代から50年代にかけて、本人同意の原則のもと知的障害や精神障害のある人びとへの強制不妊手術が公然となされていたのです。20世紀末に明るみにでた歴史のスキャンダルは、国民に人権と福祉・教育・医療を手厚く保障することで社会の安定をはかろうとする福祉国家と優生思想との不可分な関係を物語っています。

今日、優生思想・優生学の問題や罪の責任をナチス・ドイツの優生政策だけに背負わせる歴史認識は過去のものになっています。しかし、「誰もが優生思想の持ち主なのだ」という開きなおり、「どの国や時代にも優生思想はあった」という相対主義に陥るとすれば、優生思想・優生学がもたらした被害の事実や問題の本質を見失うでしょう。病気の治療や障害の軽減のための医学・医療を否定することも、医療費や社会保障費の削減と結びついて障害や病気のある人びとのいのちと健康を切り詰めることになります。だからこそ、優生思想が支持・主張される歴史的文脈に視野を広げながら、その多面的で両義的な性格、問題の複雑な現れ方に向き合い続けなければならないのだと思います。

■戦後社会で強化された優生思想

戦後日本には「優生上の見地から不良な子孫の出生を防止するとともに、母性の生命健康を保護する」という目的をもつ「優生保護法」(1947年)がありました。この法律は「顕著な遺伝性身体疾患」、「遺伝性精神病」、「遺伝性精神薄弱」のほか、「癩《らい》疾患」(ハンセン病)などがあると診断された人びとを「不良な子孫」とみなし、本人と配偶者の同意のもとに不妊手術を認めるものでした(第3条)。さらに、手続き上本人の同意を必要としない強制不妊手術をも合法化してきたのです。

ここにいう強制不妊手術とは、ひとつは「遺伝性精神病」、「遺伝性精神薄弱」、「遺伝性身体疾患」などがあり、医師が「その疾患の遺伝を防止するため優生手術を行うことが公益上必要であると認める」場合に実施されるものをさします（第4条）。もうひとつは「遺伝性のもの以外の精神病、精神薄弱」と診断されることならびに保護者の同意を要件として、都道府県の優生保護審査会に申請し、同審査会が認めた場合に実施されるものです（第12条）。

優生保護法は戦前の「国民優生法」（1940年）を原型とします。国民優生法では不妊手術の対象を遺伝性の障害や疾患に限定しており、強制不妊手術を条文化しながらも実施に至りませんでした。ナチス断種法の影響を強く受けた国民優生法は「優生断種法」として成立するはずでした。ところが、帝国議会で慎重論や反対論が相次いだことから、実質的には「産めよ、増やせよ」という戦時人口政策を支える「中絶禁止法」として成立し、そのように機能したのです。

これに対して戦後の優生保護法は優生的な目的にもとづく不妊手術と人工妊娠中絶を一体的に合法化し、不妊手術の対象を拡張させ、強制不妊手術も実質化されました。戦後になって優生的側面が強化されたのはなぜか。ひとつは、敗戦の混乱と生活難が続くなかで人口の爆発を抑えるために人口抑制や産児制限が強調されたことです。そして、民主主義のもとで個人の自由に委ねられた産児制限を許容することで「不良な子孫」が増えてしまうという「逆淘汰《ぎゃくとうた》」への危機感にあおられて、優生施策が強化されていくのです。

1970年代には福祉予算の削減を求めて障害の「発生予防」に関心が高まり、出生前診断や選択的中絶による障害のある子どもの出生防止が注目されます。1972年の優生保護法改正案では「経済的理由」の削除とともに、胎児に障害がある場合の中絶を認める「胎児条項」の新設が提起されます。この時、脳性マヒの当事者団体である「青い芝の会」は、障害者の存在を否定するものだと改正案を指弾し、ナチスの断種法や安楽死計画を引き合いに出しながら優生思想を徹底的に批判しました。この反対運動は「産むことの自由」を求めて経済的理由の削除に反対する女性団体などからも賛同を得て、結果として法案の胎児条項は削除されることになります。

■葬り去られた過去

1999年、優生保護法は突如として「母体保護法」に改正されます。法律の名称や条文から「優生」の文字が消え、「優生上の見地から不良な子孫の出生を防止する」という法の目的と強制不妊手術の規定が廃止されたのです。当時、国際会議の場で優生保護法が障害のある人の不妊手術を正当化していると名ざしで非難されて政府関係者をあわてさせたこと、1996年にハンセン病患者の強制隔離の根拠であった「らい予防法」（1953年）が廃止されたことなどが「圧力」となり、あっという間に改正されたのです。

戦後のドイツやスウェーデンは、過去の優生政策に対して公式の謝罪と被害の賠償を行っていました。ところが、日本では障害者政策として「ノーマライゼーション」の理念が強調されながらも、優生保護法下における強制不妊手術の実態、過去の被害や差別をもたらした国の責任を検証することなく、戦後の優生思想と優生政策に対する反省の機会を葬り去ったのです。

国民優生法にもとづく不妊手術の総実施件数は538件であり、強制不妊手術は1件もなされませんでした。これに対して旧優生保護法下での強制不妊手術は1万6475件とされます。公式の統計には表れませんが、優生保護法の及ばないところで、ハンセン病療養所内で結婚する患者に対する事実上の強制不妊手術、月経中の介護負担の軽減のために女性障害者への子宮摘出手術がなされてきた事実も忘れてはなりません。

2018年1月、15歳の時に旧優生保護法による強制不妊手術を受けた宮城県内に住む60代の女性が、国に対して損賠賠償を求める訴えを仙台地方裁判所に提起しました。これをきっかけに強制不妊手術の被害を受けた人びとへの謝罪と救済を求める動きが加速し、厚労省も都道府県に強制不妊手術に関する記録の確認を依頼するなど、社会的な関心が高まりました。これから、数字に埋もれた被害の実態を明らかにするなかで、戦前と「連続」しながらも優生思想と優生政策を強化させた戦後社会のあり方を問うていくことが求められます。

■弱くてもろい社会

2015年4月、日本病院会倫理委員会は「「尊厳死」―人のやすらかな自然な死についての考察」を発表し、「尊厳死」について「国民的コンセンサス」を得ていく必要があると説きながら、「神経難病」と「重症心身障害者」については「さらに難しい問題で、今回は議論されたなかった」といいます。「尊厳死」や生命倫理などの国際動向を追いかけるフリーライターであり、重症心身障害のある女性の母親である児玉真美さんは「ついに公然と名指しされてしまった……」との思いでこの文書を読み、それから「娘を抱いて崖っぷちにじりじりと追い詰められていく」との気分をぬぐえずにいるといいます(2)。

２０１７年5月、経済産業省の20～30代の若手官僚がまとめた「不安な個人、立ちすくむ国家―モデル無き時代をどう前向きに生き抜くか」がウェブに発表されるやいなや１５０万というダウンロード数を記録し、注目を浴びました。彼らは「未来の日本の豊かさ」を支えるために子ども、若者、母子世帯の教育やケアへの社会的投資を最優先すべきだと主張します。そのいっぽう、「胃ろう」などを例に出して「健康で長生きしたあとで人生最後の一カ月に、莫大な費用をかけてありとあらゆる延命治療が行われる現在」を批判し、高齢者が「終末期の自分」を選択して「患者の望む自然な死」を実現することで「終末期医療のコスト」を抑えることが望ましいと言います。彼らは「限られた財源」は子ども・若者の教育・支援に振り分けられるべきであると主張し、社会の役に立たない、またその「意欲」がないと判断される人にかける社会的コストの削減をあけすけに求めるのです。

やまゆり園の事件は異常な思想の持ち主が引き起こした特異な事件だとして、わたしたちの社会と切り離して考えようとする人もいます。しかし、この社会では、わたしたちが想像する以上に障害や病気のある人びとのいのちの選別と切り捨てが進んでいることに目を向けるべきです。社会に役立つかどうかでいのちを切り捨てていくような社会は、社会のお荷物になるくらいなら自分のいのちを切り詰めることで社会に貢献せよと命じるような社会は、どんなに美しく力強い言葉で語ったとしても「弱くてもろい社会」です。戦後最悪ともいわれる事件の動機や背景について、わからないことや考えるべきことが多すぎます。けれども、この事件はわたしたちに「弱くてもろい社会」へと転がっていく下り坂がみえていることを突きつけていると思うのです。

■「生きること」を肯定し「声」を聴きとる

糸賀一雄は、障害の重い人とのかかわり合いを通して「『人間』という抽象的な概念でなく、『この子』という生きた生命、個性のあるこの子の生きる姿のなかに共感や共鳴を感ずるようになる」ことを学んだといいます。(3) 障害の重い人びとの生きる姿から社会的なつながりや発達へのねがいが切り離される時、障害をもちながら生きることは「不幸」だと見ることしかできなくなるのではないでしょうか。もとより「この子」が感じている喜びを分かち合い、悲しみや苦しみをも受けとめることのできる生活や実践の土台を社会の隅々につくり出す公的な責任を曖昧にしてはなりません。

ケアの思想を哲学的に深めるファビエンヌ・ブルジェールは「生きること、それは、適切な制度や規則の既存の枠組みが存在していないことを声にすることではないのか」と言います。(4) 田中昌人《たなかまさと》は、障害のある人びとを「社会的に何が必要かを明らかにしてくれる主人公」と表現しています。(5) 一人ひとりが「生きること」を無条件に肯定されることによって「声」を発することができるのであり、その「声」を聴きとりながら「社会的に何が必要か」をつかみ出す努力を続けていくことで、わたしたちの社会は少しずつ強さとしなやかさをもつことができるのではないでしょうか。そうしたとりくみのなかに、わたしたちの社会と歴史のなかに深く刻まれ続ける優生思想に向き合い続ける足場があるのではないかと思うのです。

注

(1) 米本昌平・松原洋子・櫨島《ぬで》次郎・市野川容孝『優生学と人間社会―生命科学の世紀はどこへ向かうのか』講談社現代新書、2000年。日本における優生学の歴史については、同書の松原洋子「日本―戦後の優生保護法という名の断種法」を参照。

(2) 児玉真美「事件が「ついに」起こる前に「すでに」起こっていたこと」『現代思想』第44巻19号、2016年

(3) 糸賀一雄『福祉の思想』日本放送出版協会、1968年

(4) ファビエンヌ・ブルジェール『ケアの倫理ネオリベラリズムへの反論』クセジュ文庫、白水社2014年

(5) 田中昌人『障害のある人びとと創る人間教育』大月書店、2003年

10 戦争経験と平和への問い

戦後を代表する政治学者の丸山眞男《まるやままさお》は、「戦争は一人、せいぜい少数の人間がボタン一つ押すことで一瞬にして起せる。平和は無数の人間の辛抱強い努力なしには建設できない」と言いました。(1) 障害を生み出す最大の暴力が戦争であるという歴史の反省に立ち、戦後は障害のある人びとも自らの戦争経験を語りながら、平和に向けた「無数の人間の辛抱強い努力」を支える主体となりました。アジア・太平洋戦争下の肢体不自由児の学童集団疎開の経験をふり返りながら、障害のある人びとの戦争経験が投げかける問いを受けとめてみたいと思います。

■最も遅く、最も長い学童集団疎開

1945年5月15日、戦前唯一の公立肢体不自由児学校である東京都光明国民学校（1932年東京市立光明学校として開校、現在の都立光明学園、以下、光明学校）の五十数名の子ども、教師、保母、看護婦合わせて約150名を乗せた列車が、長野県更級郡上山田村上山田温泉上山田ホテル（現在の千曲市）への集団疎開に向けて上野駅を出発しました。東京の国民学校が学童集団疎開を始めた1944年8月から、9ヵ月ほど遅れての実施でした。脳性マヒ、ポリオ、脊椎カリエス、股関節脱臼などがあり移動が困難な光明学校の子どもたちは、政府や都の疎開・輸送計画から除外されて疎開先の割り当てもなく、松本保平《まつもとやすひら》校長が役所に相談しても相手にされませんでした。1944年8月、光明学校はやむをえず世田谷の本校舎に教職員と約半数の子どもが泊まりこみ、残りは通学するという「現地疎開」にふみ切ります。当時農村地であった世田谷区に疎開することは珍しくありませんでしたが、光明学校の「現地疎開」は政策的な放置を意味していました。

しかし、1945年3月10日の東京大空襲では学校の近くまで艦載機が飛来したため、これ以上留まるのは危険と判断した松本校長は自力で疎開地を探し回り、どうにか上山田ホテルで受け入れてもらえることになりました。上山田での疎開生活を始めてから10日後の5月25日、米軍の空襲により世田谷校舎は学習棟だけが焼け残り、麻布分教場は全焼しました。東京の学童疎開は遅くとも1946年3月までに解除されます。ところが光明学校の場合、新校舎が完成する1949年5月まで、4年間にも及ぶ例外的に長期の疎開生活を強いられることになるのです。

疎開開始から3ヵ月で敗戦を迎えますが、焦土と化した東京に帰ることもできず、肢体不自由児が入学できる学校もないため上山田に留まらざるをえませんでした。1946年4月からは「戦争孤児等学童集団合宿教育所」として、1947年4月からは新学制のもとで「都立光明小・中学校」として疎開を続けました。空襲の恐怖から解放されたとはいえ、子どもたちにとって親と離れて暮らす寂しさはもちろん、配給や食糧事情も厳しく疎開生活は苦しかったものの、教職員や保母、看護婦たちの懸命な努力、ホテルや地域の人びとによる支援と交流によってどうにか支えられていました。

■「戦闘配置」されなかった肢体不自由児

学童疎開の研究をしている逸見《へんみ》勝亮《まさあき》によれば、「疎開」とはもともと突撃前に小隊や分隊の間隔を開くことで敵の火力の効果を弱め、歩兵を前進展開させる戦闘方式を意味しました。本土空襲が始まり防空対策が強化されるなか、政府は1943年以降、空襲被害を避けるための措置に「建物疎開」「都市疎開」「学童疎開」など、一般的に耳慣れない「疎開」という軍事用語をあてるようになったのです(2)。

東京都は、1944年8月から9月にかけて国民学校3年生以上の子ども約21万人の学童疎開を実施します。この時、東京都は国民学校の校長に向けて「帝都の学童疎開は、其の防空態勢の強化であり、帝国将来の国防力培養でありまして、帝都学童の戦闘配置を示すもの」と訓示し、子どもたちも「皇国第二国民たるを寸時も忘却することなく、諸先生指導の下よく学び、よく遊び心身を鍛錬し疎開戦士の名を辱《はずか》しめざらんことを期すべし」と激励されました(3)。

学童疎開とは戦争遂行のための子どもたちの「戦闘配置」であり、子どもたちにも「戦士」としての自覚を求めたのです。だから、障害や病気のある子どもたちは「皇国第二国民」や「戦士」になる見込みもなく、戦争の足手まといとして排除されたのです。

■体の不自由なところは心と頭で切り抜いて下さい

障害のある人びとは「穀つぶし」「非国民」。そうした社会からの蔑《さげす》みをはね返すように、障害のある人びと自身も戦争を担う一員なのだという姿勢を示そうと努めました。

1945年3月24日に行われた光明学校の卒業式の送辞と答辞を紹介しましょう(4)。まずは在校生の送辞から。

皆様は特攻隊ですから勝つ心を知識をしっかり身につけて堂々と嵐の世の中へ乗り

出し精一ぱいに働いて下さい。…体の不自由なところは心と頭で切り抜いて下さい。…然《し》かし体も大いに強くきたへて下さい。…いつ本土に敵がくるかも知れません。ヤンキー〔アメリカ人に対する俗称：河合〕がきたら皆様も私達も共にがんばります。三千年の歴史を守りませう。

続けて卒業生の答辞です。

今日私共は、なつかしいまなびの庭をすだって決戦の眞只中に飛込んで行かふとして居ります。…例へ身体の不自由な私共ではありますが…出来得る限り自分の力をつくして以って御國のお役に立って行きたいと思ふ覚悟で御座居ます。

送辞と答辞には「少国民」としての自覚が表れており、「体の不自由なところは心と頭で切り抜いて下さい」との言葉からは、兵力や勤労動員に耐えられない身体を鼓舞し、残された力を発揮して活躍するのだという矜持《きょうじ》が強く感じられます。疎開中の男子児童の日記にも、「勉強」や「歩行訓練」「野草とり」のかたわら裏山の「お宮」で「日本が勝ちますように」と祈ったこと、1945年8月15日にラジオで「玉音」放送を聞いてみんなが泣いているなか、「しばらくは、涙も出てこなかったが、しゃくにさわってきて自然と泣けてきた」ことなどが記されています[5]。

いっぽう、国民をまとめあげ国の資源を総動員して戦い抜こうとする総力戦は、障害のある人びとの「できなさ」を「国や社会の役に立たないもの」として浮き彫りにします。軍事教練が広がるなか光明学校でも鉄砲に見立てた松葉杖を肩にかけて行進の訓練がなされましたが、そのことは子どもたちの歩行・運動の困難さを際立たせました。「戦争をする国」を支える意識と構造は、障害のある人を社会から排除しつつ包摂しようとぶつかり合うエネルギーを汲《く》みあげながら強化されていったのです。

■子どもたちの自主性・主体性と戦後民主主義

教師たちは、疎開先での学寮生活や子どもの様子を親元に知らせようと1945年9月から毎月、わら半紙1枚の『学寮通信』を発行し、東京に帰還するまで続きました。

1947年11月からは通信の編集・印刷作業を中学生が担っていきます。中等部2年の男子生徒は「五月新憲法が公布され新しい日本が生れかはつてから僕達の寮生活もだんだん自主的に処理されて行く様になつて来た」と綴っています（「1947年を顧りみて」『学寮通信』No.26、1947年12月）。子どもたちは日本国憲法発布という「新しい日本」の息吹きを感じながら、「自主的」に学寮生活をよりよくしていこうとする意欲にあふれていました。所々に英語やローマ字を使用した紙面からも、新たな世界をつくり出す喜びとたくましさが伝わってきます。

戦後にみられた光明学校の子どもたちの自主性・主体性は、戦時中に軍国主義教育の色彩が強まるなかでも、一人ひとりの「個性」を尊重し「生活科」や「適性」といった独自のカリキュラムを組んできた光明学校の教育思想・実践にルーツを求めることができます。さらにここでは、戦前から育まれてきた子どもたちの自主性・主体性が、戦後の民主主義という価値を子どもたちが自覚的に受けとめるという経験を介して新たなかたちで発揮されていくことに注目したいと思います。(6)

新日本の朝
東の空　お丶日が昇る／自由の光／封建制度のから破り／自由の光今ぞさす／軍閥の雲　財閥の霧　遠くかなたに／光我等は浴す／朝だ朝　自由の朝だ

男子生徒が書いたこの詩は三連で構成され、「戦争固く封じたる　平和の光」(二連)、「民は皆同じ権利に　民主の光」(三連)と続きます(『仰光通信』9号、1946年5

月)[7]。戦後の「自由」「平和」「同じ権利」「民主」という新たな価値と出会いながら、「新日本」を背負って立つのだという主体性を我がものとしていく子どもたちの経験は、戦後社会へとふみ出していく時代の希望を映し出しています。戦時中に「戦闘配置」されなかった肢体不自由児が、社会の主人公となりゆくなかで戦後の平和と民主主義の土台は築かれていったのです。

■歴史的な問いを実践に埋め込む

光明学校の学童集団疎開は、戦争に巻き込まれながら、国に見捨てられた障害のある子どもたちの戦争経験を象徴しています。この史実を知るのは、戦後長らく一部の光明学校関係者に限られていました。やがて疎開を経験した当事者、障害児教育の教師たちによって当時の証言が集められ、史料が発掘されることで埋もれていた史実が少しずつ姿を現してきました。1993年には「光明学校の学童疎開を記録する会」によって『信濃路はるか─光明養護学校の学童疎開』が出版されています。

戦時中の障害のある人びとの姿を記録した史料は限られています。それだけ、障害のある人びとが国や社会から排除されていたのです。だから、一括りにすることを許さない当事者の経験に学ぶことを欠いては、障害のある人びとにとって戦争が日常であった時代を語ることはできないのです。

戦争は、人びとの当たり前の生活やねがいを奪うという不幸の連鎖のなかで引き起こされます。私たちの先輩は、戦後の平和と民主主義を希求するとりくみと並走しながら、障害のある人びとの発達と生きた証を「実践記録」として書き残してきました。だから、戦争の時代に埋もれている障害のある人びとの生きた証に目を凝らすこと、障害のある人びとの発達へのねがいを綴り、語り合うことが、ねがいの連鎖を断ち切らせず、みんなの幸福へと結び合わされていく平和な社会の基礎を築くのではないでしょうか。

「障害のある人びとは戦争の時代をどう生きたのか」という問いは、「どんな社会であれば障害のある人びとが平和に生きられるか」という問いにつながります。その歴史的な問いを日々の実践に埋め込みながら、戦争をなくし、平和な社会をつくり出していく知性と勇気を育んでいきたいと思います。

注

（1）丸山眞男『自己内対話―3冊のノートから』みすず書房、1998年。
（2）逸見勝亮『学童集団疎開史―子どもたちの戦闘配置』大月書店、1998年。
（3）同前。

（4）松本昌介ほか編『編集復刻版・障害児学童疎開資料集・第2巻・光明学校Ⅱ』六花出版、2017年。
（5）障害者の太平洋戦争を記録する会編『もうひとつの太平洋戦争』立風書房、1981年。
（6）大門正克「子どもたちの戦争、子どもたちの戦後」『〈アジア太平洋戦争6〉日常生活の中の総力戦』岩波書店、2006年。
（7）松本昌介ほか編『編集復刻版・障害児学童疎開資料集・第1巻・光明学校Ⅰ』。

11

人間の痛苦と基本的人権の思想

２０１７年７月、改正・組織的犯罪処罰法が成立・施行され、共謀罪が導入されました。人びとは自分たちの社会について語り合う自由が奪われると閉じた世界に孤立していき、社会の空気は少しずつ冷え込んでいきます。戦争への熱気はそこに一気に吹き込んできます。戦争へとなだれ込んでいった暗く冷たい時代に、社会変革を求めながら若い命を終えた一人の女性のねがいと苦しみのなかに、発達保障へとつらなる基本的人権の思想を探ってみたいと思います。

■伊藤千代子の生い立ちと社会変革への意志

伊藤千代子《いとうちよこ》は１９０５年７月、長野県諏訪郡湖南村（現在の諏訪市南真志野）の農家の長女に生まれ、幼くして母、父と別離し、養祖父母、実祖父母に育てられます(1)。大正新教育の流れをくむ白樺派の教師たちの自由教育が、少女千代子の個性と自立心を育みました。物静かですが聡明で成績抜群の彼女は、1918年、県立諏訪高等女学校に進みます。自由な校風のもとアララギ派の歌人で教師の土屋文明《つちやぶんめい》から英語や国語の手ほどきを受けた千代子は、語学を学んで世界を広く見渡したいとの思いをかき立てられます。

卒業後は上諏訪で小学校代用教員を2年間勤めてのち、仙台の尚絅《しょうけい》女学校高等科を経て1925年、東京女子大学英語専攻部2年に編入学します。千代子は勉学と読書に打ち込むいっぽう、学内の「社会科学研究会」に参加し、マルクス主義と出会います。当時「社会科学」といえばマルクス主義をさしました。法学、政治学、哲学、経済学などの個別の学問を相互に関連づけて社会の現実を総合的にとらえるマルクス主義は、当時の学生たちの思想形成に強い影響力をもちました。

ロシア革命（1917年）の成功は社会主義の火を世界に広げ、日本でも資本主義に服従を強いられてきた労働者たちが団結して自己主張を始めていく時代でした。千代子も社会の矛盾をつかみ出す理論を吸収することで、労働者や貧困に苦しむ人の側からの社会変革をめざしていきます。諏訪の製糸女工の労働争議にも応援に入るなどして女子学生運動の一翼を担っていた彼女は、1927年秋、学習会で知り合った日本共産党員の浅野晃《あさのあきら》と結婚、年明けには自らも入党し、党活動に身を投じていきました。

■社会の不条理を引き受けて生きる

1928年2月、普通選挙法による最初の衆議院総選挙が行われると、非合法の共産党も労働農民党から候補者を立てて大衆の前に躍り出ました。このとき晃に懇願された彼女は、祖母から仕送りされた学費を選挙資金としてそっくり手渡すのです。結局授業料が納められず、祖父母のねがいに背いて大学卒業を断念することが、千代子にはどれだけ悲しく苦しかったか。その頃郷里のいとこ岩波八千代にあてた手紙には、無念の情を断ち切り、資本主義社会の不条理をわが身に引き受け、その克服を自らの生きる道と定めた彼女の不屈の意志が焼きついています[4]。

これからこの社会に生き、この社会で仕事をしていこうとする青年男女にとって、真に真面目に生きようとすればするほど、この目の前にある不公平な社会をなんとかよりよいものとしようとする願いはやむにやまれぬものとなってきます。私の勉強もそのやむにやまれぬ所から生まれてきました。…私は深い確信を持って正しい勉強をし、やがて皆様への御恩がえしになるようなものになる準備をしていることを、あなたに信じていただきたいのです。

そんな千代子に国家の手が及びます。1928年3月15日早朝、千代子は治安維持法違反容疑で逮捕されます。総選挙で躍り出た共産党を警戒した政府は特高警察を総動員して、共産党とその外郭団体を全国一斉に検挙したのです。この「三・一五事件」では1道3府27県にわたり約1600人が検挙され、約480人が起訴されました。

1925年に公布・施行された「治安維持法」は、「国体」の変革と「私有財産制度」を否定する結社、直接には天皇制と資本主義に反対する共産党の弾圧を目的としました。1928年に最高刑を死刑に引き上げ、「目的遂行罪」を新設。1941年の大改悪で条文は7条から65条に膨れあがり、「予防拘禁」制度を導入します。治安維持法は共産主義や社会主義にかかわる思想・運動に飽きたらず、反戦と平和を訴え、人権や自由を求める人びとをひねりつぶし、個人の思想を弾圧する最大・最強の武器となりました。(2) 弾圧の手は学術や芸術、宗教、民間教育運動にも及び、子どもに生活の現実を見つめさせようとした綴方教師たちも次々と逮捕されました。

■獄中でのやさしさとたくましさ

東京・滝野川警察署に連行された千代子はすさまじい拷問を受けても一切口を割らず、傷だらけのまま未決囚として市ヶ谷刑務所の女子舎独房に収監されます。やがて体調が回復すると獄中の同志と密かに連絡をかわし、差し入れられた社会科学文献の学習に励み、一斉保釈申請を呼びかけるなど、獄中の革命運動を背負っていきます。

同志への気配りと励ましを欠かさず、当局や看守に待遇改善を求めていく千代子の姿は獄中の希望であり、獄外の同志にも手紙で獄中生活を伝えて激励しました。三・一五事件で逮捕され千代子と獄中をともにした原菊枝《はらきくえ》の手記『女子党員獄中記』(1930)は「千代子さんの監房に於ける生活振りは、実に輝けるものだ」と語っています。

夫の晃もすぐに逮捕され同じ市ヶ谷に収監されたので、2人は面会に来る義母を介して連絡をかわしました。非人間的で劣悪な監房生活は彼女の身体をむしばみ、頸部《けいぶ》リンパ腺炎やリウマチを患いますが、十分な治療を受けられるはずもありませんでした。

■破壊される人格と精神

1年が過ぎた頃、市ヶ谷に収監中の党指導者の一部が天皇制支持と共産党解党を主張する上申書を提出して「転向」し、これに同調する者が出ました。「転向」とは当局による造語です。共産主義者に対して当局が正しいと判断する方向に個人の思想の向きを変えさせることを意味し、「転向者」が相次いだことから時代の言葉となりました(3)。その同調者のなかに、晃がいたのです。彼は自分の上申書を千代子に見せないでほしいと検事に懇願しますが、晃の上申書は「転向」を肯んじない彼女を揺さぶるのに格好の道具でした。

千代子は上申書を読まされても、その事実を頑《かたくな》に認めようとしませんでした。しかし、それから間もなくの1929年8月1日、急性の激しい錯乱状態に陥ります。話す内容は乱れ、突然大声で叫ぶ、独房で独り言を続ける、裸になるなどの異常がみられるようになりました。自らの正義を決してゆずるところがなかった千代子にとって、最愛の同志であり夫である晃の「転向」は裏切りであり、その衝撃はどれほどであったか。最奥の独房ゆえその深い怒りと悲しみを誰とも分け合うことを許されないまま、幾重の精神的苦痛はついに限界を越え、「拘禁性精神病」を発病したのです。

発病から2週間ほどした8月17日、千代子は東京府立松沢病院に移送されます。9月15日、1泊の仮保釈を許された晃と義母が面会に訪れます。晃が声をかけると一瞬視線を向けますが首を振って拒み、同行の私服刑事におびえて病棟の仲間のもとに逃げ戻ると、二度と戻って来ませんでした。千代子の心は晃を許すことはなかったのでしょう。

彼女の担当医野村章恒《のむらあきちか》は、松沢病院に送られた「拘禁性精神病」患者30人の臨床記録を論文にまとめていますが、その一人（第29例）が千代子でした。(5) 1ページにも満たない記録は、彼女がいのちをかけて権力と闘い、いかに人格が傷つき、精神を破壊されたのかを静かに語ります（カタカナをひらがなに換え、適宜ルビを付しました）。

8月21日病棟内の診察室に伴ひしも拒診。絶えず独語し続く。内容散乱纏《まとま》りなし。意志阻碍し、『先生の所へ行きたい』と泣出しさうに大声哀訴《あいそ》す。間もなくゲラゲラと笑ひ、又顔を歪め虐待せらる、如き様子を呈し『嫌だ嫌だ、知らない知らない』と連呼す。其後8月31日迄10日間拒絶症緘黙《かんもく》。9月1日高熱を発すれど拒診。9月5日午前9時銹《さび》色の痰を多量に喀出《かくしゅつ》。9月6日夕刻より起き出で枕頭《ちんとう》の手拭を取り、頬冠《ほおかむり》をなす。悪戯《いたずら》あり。時に含嗽《うがい》をなす。9月8日義母面会時自発的に漬物を要求す。他人とは語らず、質問にも答へず。義母との対話は相当によく纏まり居り、表情普通。

彼女の精神状態は9月中旬にはほぼ正常に回復していたといわれますが、身体は相当に衰弱していました。9月24日午前0時40分、千代子は24歳の短い生涯をひとり静かに閉じます。直接の死因は急性肺炎とされました。「この人が狂ひ出して逝くなつた時には恋人を失つた位に私は淋しくて堪らなかつた」。原菊枝の言葉は、ともに闘った女性たちの千代子への深い敬愛と尽きせぬ痛恨を伝えて余りあります。

■暗い時代を灯し出す光

土屋文明は1935年に発表した作品「某日某学園にて」の後半で、千代子の「獄死」を強烈に詠い上げました。(6)

まをとめのただ素直にて行きにしを　囚へられ獄に死にき五年《いつとせ》がほどに
こころざしつつたふれし少女《おとめ》よ　新しき光の中におきて思はむ
高き世をただめざす少女等ここに見れば　伊藤千代子がことぞかなしき

字余りそのものが、教え子のいのちを奪われた悲しみの激しさと突き破る怒りを表しています。彼は「伊藤千代子」の名前をあげることで国家に対して抵抗の意志を示し、国家がひねりつぶした彼女のまっすぐな「こころざし」をすくい上げ、自由を奪われた暗い時代をほのかに灯し出す「新しき光」として再生しようとしたのです。けれども、千代子が死してなお放つ光は軍国日本の暴力性と非人間性を照射するがゆえに、国家はこれをことごとくかき消そうとし、アジア・太平洋地域の2000万を超えるいのちを根こそぎ破壊する戦争の道を突き進んでいきました。

■人間の痛みや苦しみを想像する

1945年10月、GHQの「人権指令」により治安維持法は廃止されます。しかし、人びとのいのちと自由を奪った権力犯罪に対する無反省と無責任さゆえに、戦前の治安維持体制は戦後にも途切れることなく継承されました。1952年に破壊活動防止法が成立し、公職追放されていた戦前の関係者は公安警察部門などに返り咲きました。それでも、日本国憲法をかかげて平和と民主主義を求める人びとのとりくみが、長らく戦前の復活・再現を許さなかったのです。

千代子の受けたすさまじい傷を抱きしめ、暴力によって人格と精神が破壊されていく苦しみを徹底的に想像すること。一人の人間が受けた底なしの痛苦を想像せずして、戦争の時代を覆った暴力に向き合うことはできません。人間の痛苦を想像することから立ち上げられた「基本的人権」のなかに芽吹いた発達保障の思想は、障害のある人びとの発達へのねがいに対する共感と信頼を深めることで、誰もが平和に生きる権利の思想と社会の可能性を求めてきました。

人間らしい当たり前の生活を求めることが権利ではなく、罪とされた「千代子」の時代を復活させないために、自分のねがいや権利を主張することをあきらめず、他方で人間の痛苦に鈍感にならないようにしたいと思うのです。伊藤千代子という個性のなかに、人間の不屈の強さだけでなく、人間の痛苦や脆《もろ》さをも読みとる時、わたしたちが手にしている自由と権利が、これを踏みつけられ奪われた人びとが肌身に感じた痛み、これを奪ってはならないと闘い続けた人びとのねがいの結晶であることを知ることができるのではないでしょうか。

注

(1) 伊藤千代子に関する記述は以下の文献を参照。東栄蔵『伊藤千代子の死』未来社、1979年。藤田廣登『時代の証言者　伊藤千代子』学習の友社、2005年。広井暢子『革命女性家たちの生涯』新日本出版社、1989年。秋元波留夫『99歳精神科医の挑戦—好奇心と正義感』岩波書店、2005年

(2) 奥平康弘『治安維持法小史』岩波現代文庫、2006年

(3) 思想の科学研究会編『共同研究　転向（上）』平凡社、1964年

(4) 東栄蔵『伊藤千代子の死』1979年。

(5) 野村章恒「心因性精神病、殊ニ拘禁性精神病ニ関スル臨床的知見」『精神神経学雑誌』第41巻3号、1938年。

(6) 前掲。

12

発達保障の道をみんなで歩く

いまわたくしたちは、障害者の発達において、発達侵害の道か、発達保障の道か、ふたつにひとつをきめる重要な変革期にいる。

全障研委員長の田中昌人は、『みんなのねがい』創刊号の連載「発達保障の道を力強くすすもう」をこのように書き始めました。田中は、1960年代後半から70年代前半における障害のある人びとへの差別や権利侵害の実態を掘り起こし、それらを生み出す社会や政治の仕組みを「発達侵害の道」として徹底的に批判していきます。そして「発達侵害の道」を批判し尽くしていく先に、障害のある人びとの発達と権利を保障する実践や運動が生まれていることを明らかにし、足元に「発達保障への道」が築かれていることを確かめていくのです。

■知性の悲観主義、意志の楽観主義

戦前イタリアのマルクス主義者アントニオ・グラムシは「知性の悲観主義、意志の楽観主義」という言葉を好んで使いました。人間は絶望的な状況を前にして生きることの根本に立ち返り社会の現実を見つめ続けるからこそ、絶望を突き破り未来への希望を見出すことができるというのです。グラムシはムッソリーニ政権によって投獄されます。身体に障害があり虚弱であった彼にとって獄中生活は苛酷でしたが、知的・精神的な退化から自らを守るために読書と執筆を続けました。そして獄中からこの言葉を繰り返し発することで絶望することなくファッショと闘い続ける人びとを励まし、自分を奮い立たせたのです。厳しい現実を見つめながら希望や可能性を語ることをあきらめない田中の文章を読み返すたびに、グラムシの言葉を思い起こします。

■歴史の可能性と生きようとする意志

鹿野政直《かのまさなお》は「人びとの心奥に、秩序への違和感ひいては変革への志がもやされつづけるかぎり、歴史はたえず転機となる可能性を内包している。…人びとだれもが、みずからの可能性をさぐる権利をもつように、歴史の可能性をさぐるのは、人びとの生きようとする意志の権利である」といいます。(1) 歴史は現在から過去を問うことによって現在を見つめ、未来を見通すものですが、その時々にどうであったかだけではなく、いかなる可能性があったのかを問うことでもあります。さらにいえば、その可能性がいかに押しとどめられ、切り捨てられてきたのかをも問うことによって「人びとの生きようとする意志」に触れることができるのではないでしょうか。

１９６５年４月、13歳の吉《よし》田《だ》厚信《あつのぶ》は脳性マヒとの診断を受けて滋賀県にある重症児施設「びわこ学園」に入所しました。彼の姿は、映画『夜明け前の子どもたち』（１９６８）の最後に登場する第二びわこ学園東病棟ハトAグループの子どもたちのなかに見ることができます。厚信も例外なく就学免除の手続きをして学園に入所しています。映画には出てきませんが、彼は言語障害と闘いながら、しぼり出すように「学校へいきたい」と語ったといいます。(2)

ぼくは学校へいきたいのだけれど、ここではその夢はかなえられそうにもありません。ぼくはずっとがまんしてきたけれども、これ以上、もうがまんできません。このさいぼくの考えている最後の手段は、兄さんと相談のうえここを出ていって、オムツをしてでも兄さんの車で学校へ送り迎えしてもらうか、ここで一生くらすか、どっちか一つの道を選ぶ結果になりました。だから兄さんと相談のうえ、オムツをしてでも学校へ行くつもりです。たとえ学校で息苦しくなっても、それは、ぼくが望んでいったのですからしかたありません。

学校へのねがいを燃やし続け、亡くなった友だちの分まで生き抜くのだと決意していた彼のねがいは実現することはありませんでした。１９６９年1月、意識不明の状態が4ヵ月ほど続いた末、16歳で彼は人生を終えました。当時、全国にはたくさんの「厚信」がいたのです。障害のある子どもたちのいのちをかけたねがいは、その時々で切り捨てられながらも、途切れることなく無数の結び目をつくりながら「学校へ行きたい」とのねがいを可能性から現実のものへと転化させてきました。

■こんな思いをなぜせんならんだろう

このことを苦難を乗り越えてねがいが花開いていく歴史としてのみ理解することは、一人ひとりの苦しみやねがいを大きな成功物語のなかに押し込めてしまいかねません。ここで再び、「口丹養護学校設置促進研究集会」に参加した母親の声を聴いてください。高等部で寄宿舎生活を送る女子生徒の母親は「たとえ家から通学できないとしても、せめて週一回は無理をしなくても家へも帰れるくらいの所に学校がほしい」と訴えました。(3) 寄宿舎の入舎に備えて「持ち物には全部名前をつけてほしい」と言われたので、母親は「肌着類、パンツから上に着るよそ行きの洋服にまで布をつけて、ひながらで名前を書きました」。

自分で読むためにつけるのではなくて、人に読んで「これはあなたのやで」と言ってもらうためにつける名前を一つ一つつけながら、字も読めないのに、何のための名前と思うと涙がにじみ出てきました。上衣につける名前も、外出のときに着るのに名前がよく見える（他の人に）と、いかにも施設の子らしいと思われるとかわいそうだと年頃の娘を持つ親心で、どこにつけたらと思案しながら、こんな思いをなぜせんならんだろうと、泣きながらつけました。名前つけだけでも二日も三日もかかり、その他のものも、不びんな子どもと思うといらんことにまで気をくばり、それだけでほっこりしました。

子どもに合った学校にようやくたどり着いてなお残る、いや、そうであるがゆえに感じずにはおれない、障害のある子どもの親としての悲しみ、世間のまなざし、わが子への愛情がないまぜになって表現されています。

「遠く普通の子以上に気のかかる子どもを手ばなす親の気持ちは筆や言葉では言えないと思います。ひがんではいけないというものの、持った親でないとこのなんとも言えない気持ちはわからないと思います」。けれども、この母親は、障害のある子どもの親であっても変わらぬ「親心」を受けとめてほしいとねがい、時間をかけて子どもの持ち物や衣類にひらがなの名前をつけたときの複雑な思いをありのままに語ったのでしょう。「学校ぐるみ、社会ぐるみの中の学校づくりが、本当に大切だと思います」との訴えにも、そうした母親のねがいと実感が込められていたように思います。

■発達保障の担い手として生きる

こうして無数に発せられてきた小さなねがいを切り捨て、地ならしするように組み敷かれた「発達侵害の道」。そこに埋もれた一人ひとりのねがいを掘り起こし、「みんなのねがい」として固く結び合せることで「発達保障の道」は切り拓かれてきました。切り拓くという言葉の響きからは、実践や運動の担い手やリーダー的な存在ばかりに目が向きがちです。もちろん、勇ましく見えるかれらも、とめどない悲しみや深い悩みを抱えていました。しかし、発達保障の実践や運動には、これにつながる未発のとりくみがいくつもあって、さらにその周りには発達へのねがいやそれを押しとどめられる悲しみがいくつも積み重ねられてきたのです。

歴史は必然であるといわれます。その場合、歴史とは未来に向かって前進・発展するものとの法則的な理解を導きます。しかし、歴史はジグザグの過程をたどり、時には思わぬ向きに進むこともめずらしくありません。人びとがその時々に選択し、決断するだけではなく、ねがいをもつがゆえに悩み、苦しみ、あきらめ、足ぶみしながら、歴史はつくられるからです。

「問題行動は発達要求のあらわれ」「学校に子どもを合わせるのではなく、子どもに合った学校をつくろう」「働くなかでたくましく」。発達保障の歴史は障害のある人びとのねがいと現実の間にある矛盾にはたらきかけることで否定的な現実をつくり変え、新たな価値を生み出してきました。無名の、しかし固有名詞をもつ人びとが背負った矛盾を乗り越えようとする姿に目を凝らしてその人なりのねがいを読みとることによって、誰もが発達保障の担い手として生きてきたということを確かめ合いたいと思うのです。

■発達保障の歴史を受け継ぎ、受け渡す

療育記録映画『夜明け前の子どもたち』では、重い障害があり「表情にはそよぎもない」とされていたシモちゃんが笑顔をほころばせるシーンがあります。映画は、シモち

ゃんを囲んで喜び合う学園の職員たちを映して「シモちゃんが笑った。先生たちも、私たちもとてもうれしかった。…笑顔とみるのは、もしかしたら間違いかもしれない。だが、先生たちに笑顔は確かに貯えられた」と語ります。「間違いかもしれない」と思わせるほどに不確かにしかとらえられなかったシモちゃんの発達へのねがいが、職員たちの確信へと変わりゆく瞬間でした。

１９６０年代後半のシモちゃんの笑顔は、重い障害のある人びとが「生かされる」のではなく、人間の尊厳と発達へのねがいをもって「生きていく」時代の夜明けを告げてくれました。それから半世紀、わたしたちはその「笑顔」を「シモちゃん」だけのものにしないとりくみを広げ、すべての人の権利を保障する社会の仕組みをつくり出す努力を重ねてきました。

１歳半のとき、溺水により重い障害を負った西原海《にしはらかい》さん。父親の敬治さんは約20年の生活を振り返って、海さんは「自らのがんばりで多くの困難を乗り越え、家族のなかに確固とした地位を築いてきました」と言い、こう続けるのです(4)。

悪意ではなく、純粋な疑問として、「海くんには意識・意思はあるのですか」と問う人がいます。

私は、今こうしてあなたが生きていることこそがあなたの意思（意志）だと、自信をもって答えられます。

海さんの呼吸や鼓動を感じ、からだの温もりを通わせ合い、同じ風景を眺め、同じ匂いをかぎながら生活をともに築いてきた歴史の全体が、海さんが「生きていること」の証であり、海さんの「意思」なのだ。海さんと家族の歴史をよく知らないままにあれこれ言うのは不遜ですが、敬治さんの言葉をそのように理解しました。

発達保障の歴史は、障害のある人びとの発達へのねがいによって刻まれ、障害のある人びとともに生きているとの実感のなかに受け継がれています。発達へのねがいは歴史を越えて存在するのではなく、歴史の矛盾や時代の制約を受けているとの自覚をもち、その矛盾や制約と格闘しながら手渡されてきました。だからこそ、わたしたちは目の前にあるねがいを実現するために、歴史に学び、社会の現実を見つめ続けながら、どんなとりくみや仕組みが必要なのかをみんなで語り合うことが大切なのです。

人も、社会も、目に見えて変わることが求められる時代だからこそ、今も変わらない発達へのねがいをみんなで確かめ合うことで、発達保障の歴史を未来へと受け渡していく道が拓けていきます。そうしてつながれてきた発達保障の道をみんなで一歩ずつ歩いていくことで、わたしたちもゆっくりと変わっていけるし、だれもが生きるに値する平和な社会をつくるために変えてはならないものを守り、発展させていけるのだと信じています。

注

（1）鹿野政直『日本近代化の思想』講談社学術文庫、1986年。
（2）田中昌人『講座　発達保障への道　③発達をめぐる二つの道』全障研出版部、1974年。
（3）口丹養護学校設置促進協議会『みんなの力で口丹に養護学校を――学校づくり地域づくりの運動とその経過（中間まとめ）』1976年。
（4）西原由美＝文・豆塚猛＝写真『西原海――いのちのメッセージ』全障研出版部、2012年。

おわりに

この本は、全障研の機関誌『みんなのねがい』の2017年4月号から2018年3月号にかけて連載した原稿にいくらか手を加え、構成を入れ替えてつくりました。正直に言うと、『みんなのねがい』編集部から「発達保障の道」という連載のタイトルを提案されたとき、全障研初代委員長の田中昌人さんの連載「発達保障の道を力強くすすもう」を思い浮かべて、とても気後れしました。しかし、発達保障の歴史を学び直す機会を与えられたと気持ちを切りかえ、自分なりに発達保障の「射程」をどこまで広げることができるかという挑戦的な思いで書くことにしました。

この連載は当初、2016年7月のやまゆり園の事件をきっかけに、わたしたちも発達保障の根っこにある思想や歴史に立ち返ることが必要ではないかということで企画されたものです。この本でも優生思想・優生学の歴史に触れていますが、発達保障において「いのち」の問題をどのように考えるのかについても、それなりに意識したつもりです。これらの試みが成功しているかどうかは、読者のみなさんの評価にまつほかありません。

第9章でも触れたように、2018年1月、優生保護法による不妊手術を強制された女性が起こした国賠訴訟をきっかけに、強制不妊手術の実態調査と被害者救済を求める動きが広がりました。しかし、差別の歴史は根深く、被害者本人や家族が訴え出るのは決して容易なことではありません。行政側も被害者の個人記録を保存していないか、その存在が確認できていない場合が多いのです。

そうしたなか、今年4月、全障研茨城支部の船橋秀彦さんたちは茨城県内で強制不妊手術を受けた個人9人分の史料の存在を明らかにし、茨城県に資料を提供のうえ実態解明と被害者救済を求めました（『茨城新聞』2018年4月18日付）。これまで茨城県内で54件の強制不妊手術が確認されていますが、県は個人が特定できる公文書は「現存しない」と説明していました。

船橋さんは長年養護学校の教師を務めるかたわら、地域の障害児教育や障害者問題の歴史を丹念に掘り起こす仕事をされてきました。船橋さんはハンセン病問題を調べていく過程で、優生保護法下での知的障害のある人への不妊手術に問題意識を向け、約10年前にこの史料を発見したそうです。

不妊手術を強制されたのは「精神薄弱」や「精神分裂病」と診断された、10〜30代の男性５人と女性４人。最年少は15歳、最年長は32歳。１９５４年度のうちに県立精神病院で、男性には「精管切除結さつ」、女性には「卵管圧ざ結さつ」が行われていました。県が負担した手術費用を国に請求する文書「昭和二十九年度優生手術費交付金清算書の提出について」（１９５５年７月９日付）に添付された手書きの「昭和二十九年度優生手術費交付金個人別支出明細書」に、９人の氏名、性別、年齢、疾患名、手術場所、入院日数、手術の術式、手術に要した費用などが記載されています。

一人につきわずか一行の記述であり、そのほとんどが数字にすぎません。けれども、そこには個人がいのちをつなぎ・育む権利を不当に奪われた事実が刻まれています。自ら声をあげることと、記録を残すことのなかった人たちの苦しみや悲しみを感じ、かれらの心とからだに受けた傷を知るためには、さらにほかの史料をつなぎ合わせて読み解いていく必要があります。これから史料や実態の調査が進み、被害者の救済と補償が確実に行われていくことが期待されます。わたしたちも、いのちの尊厳をふみつけられながら、歴史にうずもれてしまった人びとの声に耳をすませていくことで、この問題を忘れないようにしたいと思います。なお、全障研茨城支部のホームページで、これらの史料のデジタル画像を見ることができます（http://ibashouken.web.fc2.com/home.html）。

発達保障の歴史を学ぶこともまた、障害のある人びとのねがいや悲しみの声に耳をすまして聴きとろうとする努力を積み重ねることではないでしょうか。僕自身、この本をまとめる作業を通して、歴史を学ぶことは、歴史に生きる自分をふり返ることなのだということをあらためて実感しました。その努力が、発達保障の実践や運動を広げていくことを支えるのだと思います。それぞれの地域で、発達保障の歴史を学び合う場をつくりながら、多くの人びとと発達へのねがいを語り合い、希望を分かち合うとりくみが進んでいくことをねがっています。

連載中はさまざまな意見を寄せていただき、新しい事実や資料を示してくださる方もおられました。「発達保障の道」を探っていく作業に同行いただいたみなさんに感謝いたします。そして、連載からこの本ができあがるまでに、全障研全国事務局の黒川真友さんと薗部英夫さんにお世話になりました。最後になりましたが、お二人にお礼を申し上げます。どうもありがとうございました。

2018年5月　　河合　隆平

河合 隆平（かわい　りゅうへい）
1978年福井県生まれ。福井大学教育学部、東京都立大学大学院人文科学研究科修士課程、東京学芸大学大学院連合学校教育学研究科博士課程で学ぶ。金沢大学人間社会研究域准教授、全国障害者問題研究会常任全国委員。専門は、障害児教育学・教育史。著書に『発達保障ってなに？』『テキスト肢体不自由教育』共著（全障研出版部）など

本書をお買い上げいただいた方で、視覚障害等により活字を読むことが困難な方のために、テキストデータを準備しています。ご希望の方は、全国障害者問題研究会出版部まで、お問い合わせください。

発達保障の道　—歴史をつなぐ、社会をつくる—
2018年8月1日　初版　第1刷発行

著　者　河合隆平
発行所　全国障害者問題研究会出版部
〒169-0051　東京都新宿区西早稲田2-15-10 西早稲田関口ビル4F
TEL.03-5285-2601　FAX.03-5285-2603　www.nginet.or.jp
印刷所　光陽メディア

ISBN978-4-88134-685-3